文系教師のための理科授業ワークシート

4年生の全授業

全単元・全時間を収録!

ワークの記入例に沿って指示を与えれば即授業が成立!

福井広和・國眼厚志・高田昌慶 著

明治図書

はじめに

　小学校の先生の8割以上は文系であり，理科に苦手意識をもっていると言われています。これは仕方のないことなのですが，先生が自信なさそうに授業をしたのでは，子どもたちも理科が嫌いになってしまいます。それでは困ります。そこで理科の苦手な先生をサポートしようと企画したのが『文系教師のための』シリーズです。おかげさまで『理科授業note』に始まる本シリーズはたくさんの先生方に読んでいただき，「理科授業に自信が持てるようになった」といったうれしいお便りをたくさん頂いております。

　今回は「すぐ使えるワークシート」をコンセプトに著しましたが，これまで同様，理科の得意な人にしかできないようなマニアックな技術ではなく，誰がやっても効果の上がる確かな実践やコツをまとめてみました。小学校の先生は基本的に空き時間がほとんどなく，図工・体育・音楽・書写…と準備・片付けの必要な科目ばかりで，短い休み時間もバタバタと走り回っているのが現状なのではないでしょうか。本書は，そんな忙しい先生方を想定して作っています。

　じっくりと読み深める余裕がなくても，理科室に行ってパッと本書を開いてください。授業の大まかな流れもワークシートの記入例も載っています。1分間だけ斜め読みして，すぐ授業‼　教科書と本書を教卓に並べて広げたまま授業をしてください。ワークシートを配り，記入例のようになるよう児童に指示を与えていけば，気がつけば理科の授業が成立しているはずです。

　「ベテラン教師のワザをどの先生にも！」が我々執筆者の合言葉です。時間があればワークシート例の横に配置した「指導のポイント」もお読みください。

　理科嫌いが問題だと言われて久しいですが，子どもたちは決して理科嫌いではありません。何が問題なのかを意識させ，自分なりの予想を立てて友達と意見をぶつけ合い，最後は実験ではっきりさせる。そんな基本的な学びの場を保障してあげることができれば，子どもたちは理科好きになるのです。先生自身が授業に自信をもち，理科を好きになってくれることを願ってやみません。

福井　広和・國眼　厚志・高田　昌慶

この本の使い方

本文をサッと読んでワークをコピーしたら,すぐ授業ができます！

　本書は授業の準備に時間をかけず，パッと見て，すぐ授業できることを目指しました。しかし理科ですから準備は必要ですし，安全への配慮をお願いしたいこともきちんと記しています。

❶　本時の目標

　１単元の中で「育成する資質・能力」を網羅できるよう設定しています。

❷　授業の流れ

　大まかな授業の進め方の例です。ワークシートをどこで使うのが有効か示しています。

❸　準備物

　教師および児童の準備物です。チェックボックスに☑を入れて準備してください。

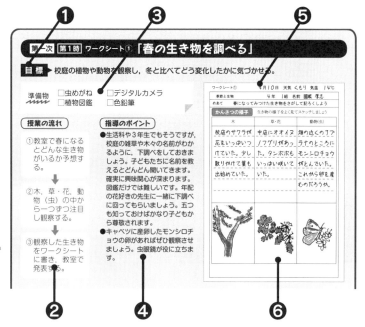

❹　指導のポイント

　安全面の留意点，実験・観察のコツ，ベテランの知恵袋，学習内容に関連した科学のうんちく…等のひとくちコメントを書いています。時間があれば，ぜひ読んでください。

❺　時期・天気・気温

　岡山県岡山市の天気・気温を例示しています。理科の授業は天気に左右されます。それぞれの地域の実態にあわせて単元計画を立てる時の参考にしてください。

❻　ワークシート記入例

　典型的な児童の記入例を載せています。これはあくまで参考であり，こうなるように指導しなければいけないというものではありません。児童が自分の頭で考えて書いたものが１番です。

ワークシートの保存・活用

毎時間に書いたワークシートはクリアファイルなどに保存します。そして単元の終わりに取り出して並べ，振り返りをします。そうすることで単元全体を概観し，学習の意味づけをすることができます。特に生物単元は長期間にわたって他の単元と並行して進めるのでポートフォリオ型の保存・活用・評価法が有効です。

目次

はじめに…002
この本の使い方…003
4年生理科の特徴…008

1 季節と生物…10

		解説とワークシートの解答	ワークシート
第一次	春の自然		
第1時	春の生き物を調べる…①	11	20
第二次	生き物の様子を調べる		
第1時	校庭の生き物を調べる…②	11	21
第2時	草むらや池にはどんな生き物がいるだろうか…③	12	22
第三次	植物を育てる		
第1時	タネをまいて育てる…④	12	23
第2時	植物の成長を記録する…⑤	13	24
第四次	夏の自然		
第1時	校庭の生き物は春とくらべてどう変化しているか…⑥	13	25
第2時	夏の校庭の生き物は春とくらべてどう変化しているか…⑦	14	26
第3時	植物の成長…⑧	14	27
第4時	花の違いを見つける…⑨	15	28
第五次	秋の自然		
第1時	秋には校庭の木やその周りの生き物はどう変化しているか…⑩	15	29
第2時	秋には池の周りの生き物はどう変化しているか…⑪	16	30
第3時	秋にはヘチマはどう変化しているか…⑫	16	31
第六次	冬の自然		
第1時	冬の生き物の様子を調べる…⑬	17	32
第2時	冬の樹木を調べる…⑭	17	33
ポイント解説			18

2 天気と気温…34

		解説とワークシートの解答	ワークシート
第一次	1日の気温の変化		
第1時	1日の最高気温と最低気温…①	35	40
第二次	天気による1日の気温の変化		
第1時	天気の決め方と気温の測り方…②	35	41
第2時	百葉箱のつくり…③	36	42
第3時	晴れの日と曇や雨の日の気温（測定値とグラフ）…④	36	43
第4時	晴れの日と曇や雨の日の気温（記録温度計のデータ）…⑤	37	44

第三次	太陽の動きと気温の変化	解説とワークシートの解答	ワークシート
第1時	晴れた日の気温と太陽高度…⑥	37	45
ポイント解説		38	

❸ 雨水の行方と地面の様子…46

第一次	雨水の行方	解説とワークシートの解答	ワークシート
第1時	雨上がりの地面の様子…①	47	52
第二次	雨水の流れ方		
第1時	雨水の流れと地面の傾き…②	47	53
第2時	水たまりができる場所…③	48	54
第三次	雨水と土の粒		
第1時	水たまりと土の粒の大きさ…④	48	55
第四次	雨水と災害		
第1時	土の保水力と水害…⑤	49	56
第五次	雨水と肥料		
第1時	土の種類と肥料の吸着力…⑥	49	57
ポイント解説		50	

❹ 月と星…58

第一次	月の動きを調べる	解説とワークシートの解答	ワークシート
第1時	三日月の動きを調べる…①	59	64
第2時	半月の動きを調べる…②	59	65
第3時	満月の動きを調べる…③	60	66
第二次	星の動きを調べる		
第1時	北の空の星の動きを調べる…④	60	67
第2時	南の空の星の動きを調べる…⑤	61	68
第三次	季節の星座の動きを調べる		
第1時	冬の星座の動きを調べる…⑥	61	69
ポイント解説		62	

❺ ヒトの体のつくりと運動…70

第一次	ヒトの体のつくりと運動	解説とワークシートの解答	ワークシート
第1時	体のつくりと運動を調べる…①	71	75
第二次	骨と関節を調べる		
第1時	腕や手はどこで曲げられるか…②	71	76
第2時	腕や手以外の曲げられるところを調べる…③	72	77

第三次	骨と筋肉を調べる	解説とワークシートの解答	ワークシート
第1時	筋肉のはたらきを調べる…④	72	78
第2時	他の動物の体の仕組み…⑤	73	79
ポイント解説		73	

6 電流の働き…80

第一次	電流と回路	解説とワークシートの解答	ワークシート
第1時	回路と回路図…①	81	86
第2時	検流計の使い方…②	81	87
第二次	乾電池のつなぎ方と電流の強さ		
第1時	乾電池2個のつなぎ方と豆電球の明るさ…③	82	88
第2時	直列つなぎと電流の強さ…④	82	89
第3時	並列つなぎと電流の強さ…⑤	83	90
第4時	直列・並列つなぎとモーターの回り方…⑥	83	91
ポイント解説		84	

7 とじこめた空気と水…92

第一次	空気の存在	解説とワークシートの解答	ワークシート
第1時	見えない空気を見つける…①	93	98
第二次	閉じ込めた空気の性質		
第1時	袋やボールの中の空気…②	93	99
第2時	空気鉄砲を飛ばす1…③	94	100
第3時	空気鉄砲を飛ばす2…④	94	101
第4時	筒の中の空気の性質…⑤	95	102
第三次	閉じ込めた水の性質		
第1時	筒の中の水の性質…⑥	95	103
第2時	筒の中の空気と水の性質…⑦	96	104
第四次	空気と水の性質とおもちゃ		
第1時	空気砲,水鉄砲,水ロケットの仕組み…⑧	96	105
ポイント解説		97	

8 物の体積と温度…106

第一次	空気の体積と温度	解説とワークシートの解答	ワークシート
第1時	空気を温めるとどうなるか…①	107	110
第2時	空気を冷やすとどうなるか…②	107	111

		解説とワークシートの解答	ワークシート
第3時	空気の体積が変わるのはなぜか…③	108	112

第二次　水の体積と温度
第1時	水を温めると体積は変わるか…④	108	113

第三次　金属の体積と温度
第1時	金属を温めると体積は変わるか…⑤	109	114

第四次　物の体積と温度
第1時	物の体積と温度をまとめる…⑥	109	115

❾ 物のあたたまり方…116

第一次　金属のあたたまり方
		解説とワークシートの解答	ワークシート
第1時	金属棒のあたたまり方（水平・下）…①	117	123
第2時	金属棒のあたたまり方（上・中心）…②	117	124
第3時	金属棒のあたたまり方（変形）…③	118	125
第4時	金属板のあたたまり方（端・中心）…④	118	126
第5時	金属板のあたたまり方（U字型）…⑤	119	127

第二次　水のあたたまり方
第1時	試験管の水のあたたまり方…⑥	119	128
第2時	ビーカーの水のあたたまり方…⑦	120	129

第三次　空気のあたたまり方
第1時	空気はどのようにあたたまるか…⑧	120	130
第2時	教室の空気の温度をはかる…⑨	121	131

ポイント解説 ………… 121

❿ 水のすがたと温度…132

第一次　水を熱するとどうなるか
		解説とワークシートの解答	ワークシート
第1時	水を熱して観察する…①	133	137
第2時	水を熱すると100℃になるのか…②	133	138
第3時	泡の正体は何なのだろうか…③	134	139
第4時	缶ペチャであそぼう…④	134	140

第二次　水を冷やすとどうなるか
第1時	水を冷やすと0℃になるのか…⑤	135	141
第2時	氷は何度でとけるのか…⑥	135	142
第3時	アイスキャンディーをつくろう…⑦	136	143

ポイント解説 ………… 136

4年生理科の特徴

1 「関係づけ」て考える

新学習指導要領では育成を目指す資質・能力として次の三つの柱が示されています。
ア．生きて働く「知識・技能」の習得
イ．未知の状況にも対応できる「思考力・判断力・表現力等」の育成
ウ．学びを人生や社会に生かそうとする「学びに向かう力・人間性等」の涵養

これを実現するのが「主体的・対話的で深い学び」であり，「見方・考え方」を働かせることが重要になると述べられています。

> 理科における「見方」は4つの領域で次のように特徴づけられています。
> 　　　エネルギー領域：主として量的・関係的な視点
> 　　　粒子領域：主として質的・実体的な視点
> 　　　生命領域：主として共通性・多様性の視点
> 　　　地球領域：主として時間的・空間的な視点
> 問題解決の過程における「考え方」は次のように整理されています。
> 　　　比較：複数の事物・現象を対応させ比べる方法
> 　　　関係付け：因果関係など，事物・現象を結び付けて考える方法
> 　　　条件制御：調べる要因と統一する要因とを区別して調べる方法
> 　　　多面的思考：自然の事物・現象を複数の側面から考える方法

小学校で育成する問題解決の能力の内，4年生では要因と結果を関係付けて調べることが求められています。

夏になると気温が高くなるので植物の成長が著しかったり動物が活発に活動したりする，というように事物・現象とその要因とを関係付けることで自然の法則を理解していきます。

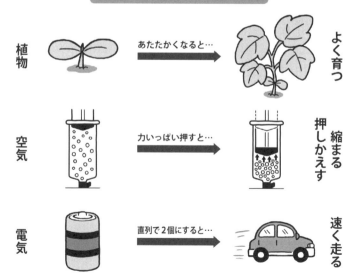

関係づけて考える・調べる

植物　あたたかくなると…　よく育つ
空気　力いっぱい押すと…　縮まる　押しかえす
電気　直列で2個にすると…　速く走る

2 季節に注目する

4年生では1年間を通して，地域の自然の事物・現象を調べていきます。植物や動物などの生き物の活動や姿を気温と関係づけて捉えていきます。

それには，まず観察のためのコースを決めることが大切です。年間を通して同じ道を歩き，同じ植物や池を観察します。樹木ではサクラがお勧めです。

春夏秋冬それぞれに特徴のある姿を見せてくれるからです。春に「私の木」を決めて，その前で写真を撮ります。1年間，同じ場所で記念写真を撮ると桜と同じように自分たち人間も暑さ・寒さに合わせて服装を変えていることが分かります。

付録のワークシートの右上には天気と気温を記入する欄があります。理科の時間の最初には必ず天気と気温を調べる習慣をつけてください。実験や観察の結果を考察する時には天気や気温などの諸条件と関係づけるのが科学的手法の第一歩だからです。

3 天気に注目する

4年生10単元の内，「季節と生物」「天気と気温」「雨水の行方と地面の様子」「月と星」の4単元は天気に左右されます。特に，「月と星」は晴天でなければ授業ができませんし，「雨水の行方と地面の様子」は雨が降らなくては授業ができません。ワークシート解答入りの欄外には「晴れの国」と呼ばれる岡山県での実際の天気をデータとして載せていますのでご参照ください。お住まいの都道府県の天気の実情に合わせて単元を入れ替え，年間指導計画を作成する必要があります。おそらく学級担任の先生なら，天気によって国語や算数などの時数の多い教科と差し替えて授業されているのではないでしょうか。また，臨機応変に時間割を変更できない理科専科の先生は，晴れたら「月と星」，雨なら「雨水の行方と地面の様子」のように2単元を同時に進行する方法で対応しているようです。

複数単元を並行して授業を行う場合，1冊もののノートよりワークシートの方が融通がきいて便利です。毎時間書いたワークシートはクリアファイルなどにためておき，単元の終わりに取り出して整理します。机の上に広げて並べることで学習全体の流れを振り返り，自分の学びがどのように深まっていったのかメタ認知することができます。これをもとに新聞作りをしたり，発表会の準備をしたりすると学習効果が定着します。

1 季節と生物

ここでは1年間を通じて，自然に目を向けさせ，観察させる学習内容です。教科書では「春の自然」「夏の自然」などと分けてありますが，本書では一括して「季節と生物」としています。なかなか板書やノート指導の難しい単元ですが，しっかりと観察したことが残るよう，ワークシートにまとめておく必要があります。学校によって見られる生き物も違うので，どんなところでも対応できるよう動物名や植物名はワークシートには入れず，汎用性の高い形にしました。

育成する資質・能力

【知識及び技能】

動物の活動は，暖かい季節，寒い季節などによって違いがあること。植物の成長は，暖かい季節，寒い季節によって違いがあることを理解するとともに，観察，実験などに関する技能を身につけること。

【思考力，判断力，表現力等】

身近な植物や動物について追究する中で，既習の内容や生活経験を基に，季節ごとの動物の活動や植物の成長の変化について，根拠のある予想や仮説を発想し，表現すること。

【学びに向かう力，人間性等】

植物や動物を探したり育てたりする中で，活動や成長と季節の変化に着目し，生物を愛護する態度や主体的に問題解決しようとする態度を養う。

単元の構成　※丸付数字はワークシートの番号

第一次　春の自然
　第1時　春の生き物を調べる…①

第二次　生き物の様子を調べる
　第1時　校庭の生き物を調べよう…②
　第2時　草むらや池にはどんな生き物がいるだろうか…③

第三次　植物を育てる
　第1時　タネをまいて育てる…④
　第2時　植物の成長を記録する…⑤

第四次　夏の自然
　第1時　校庭の生き物は春とくらべてどう変化しているか…⑥
　第2時　夏の校庭の生き物は春とくらべてどう変化しているか…⑦
　第3時　植物の成長…⑧
　第4時　花の違いを見つける…⑨

第五次　秋の自然
　第1時　秋には校庭の木やその周りの生き物はどう変化しているか…⑩
　第2時　秋には池の周りの生き物はどう変化しているか…⑪
　第3時　秋にはヘチマはどう変化しているか…⑫

第六次　冬の自然
　第1時　冬の生き物の様子を調べる…⑬
　第2時　冬の樹木を調べる…⑭

解説とワークシートの解答

第一次 第1時 ワークシート① 「春の生き物を調べる」

目標 ▶ 校庭の植物や動物を観察し，冬と比べてどう変化したかに気づかせる。

準備物
- □虫めがね
- □デジタルカメラ
- □植物図鑑
- □色鉛筆

授業の流れ

① 教室で春になるとどんな生き物がいるか予想する。

② 木，草・花，動物（虫）の中から一つずつ注目し観察する。

③ 観察した生き物をワークシートに書き，教室で発表する。

指導のポイント

- 生活科や3年生でもそうですが，校庭の雑草や木々の名前がわかるように，下調べをしておきましょう。子どもたちに名前を教えるとどんどん聞いてきます。確実に興味関心が深まります。図鑑だけでは難しいです。年配の花好きの先生に一緒に下調べに回ってもらいましょう。五つも知っておけばかなり子どもから尊敬されます。
- キャベツに産卵したモンシロチョウの卵があればぜひ観察させましょう。虫眼鏡が役に立ちます。

ワークシート①	4月10日 天気 くもり 気温 14℃
季節と生物	4年 1組 名前 國眼 厚志
めあて	春になってみつけた生き物をさがして記ろくしよう

かんさつの様子 生き物の様子をよく見てスケッチしましょう

木	草・花	動物(虫)
校庭のサクラが花をいっぱいつけていた。少し散りかけて葉も出始めていた。	中庭にオオイヌノフグリがあった。タンポポもいっぱい咲いていた。	畑の近くのプランターのところにモンシロチョウがとんでいた。これから卵を産むのだろうか。

第二次 第1時 ワークシート② 「校庭の生き物を調べよう」

目標 ▶ 校庭の木とその周りにはどんな生き物がいるだろうか，調べさせる。

準備物
- □デジタルカメラやタブレットパソコン
- □色鉛筆
- □温度計

授業の流れ

① 校庭の木の周りの生き物について調べることを知る。

② 木のところに行って生き物を調べる。写真を撮ったりスケッチをする。

③ どんな生き物がいたか発表する。各季節でまた調べることを確認する。

指導のポイント

- ぜひ校庭の木に注目させたいです。あらかじめ名前の分かっている木でいいので，その木の前で班のメンバー全員で写真を撮ります。例えば「毎月20日は木の写真の日」などと決めておきます。花が咲き，葉が茂り，実がついて，少しずつ葉が落ち，冬には完全に落葉することが1年間の写真でよくわかることでしょう。木に興味を持つこと請け合いです。
- 木には必ず虫がいます。幼虫のこともあり，この後どうなるか興味津々です。これも季節に1回は観察させたいところです。

ワークシート②	4月12日 天気 くもり 気温 17℃
季節と生物	4年 1組 名前 國眼 厚志
めあて	校庭の木とその周りにはどんな生き物がいるだろうか

かんさつの様子

バックネット横のサクラの木にはもう花はなく，全部ちっていた。葉はいっぱいあった。サクラの木には毛虫がいたが，調べると「イラガ」の幼虫らしい。イラガはさわるととてもいたいので，注意がいる。

サクラの木の周りはじめじめしていて気温は14℃。すずしかった。

スケッチ

1 季節と生物

解説とワークシートの解答

第二次 第2時 ワークシート③「草むらや池にはどんな生き物がいるだろか」

目標 草の茂った場所や，じめじめした水場にいる生き物を調べさせる。

準備物
- □デジタルカメラやタブレットパソコン
- □色鉛筆
- □温度計

授業の流れ

①草むらや池にはどんな生き物がいるか予想する。

↓

②草むらや池に行って生き物を調べる。写真を撮ったり，スケッチをする。

↓

③どんな生き物がいたか発表する。各季節でまた調べることを確認する。

指導のポイント

- 学校によれば池がなかったり草むらが危険だったりするところもあるので，必ずしもこれが1時間というわけではありません。ただ，四季を通して樹木も昆虫も水生生物も観察できればそれに越したことはありません。
- スケッチがしにくい場合はタブレットパソコンで撮影してそれを見て描くことでもいいかと思います。写真をスクリーンに投影して終わりではなく，自分のノートに記録させることで四季の変化を感じさせたいです。

第三次 第1時 ワークシート④「タネをまいて育てる」

目標 植物のタネをまくと，やがて発芽し，子葉ができ，本葉が増えてくることを理解させる。

準備物
- □ヘチマなどのタネ □ビニールポット
- □野菜の土，肥料など □デジタルカメラまたはタブレットパソコン

授業の流れ

①ヘチマなどのタネをまく。誰もがポットに一つずつのタネをまく。

↓

②タネをまき，水やりをすると発芽する。発芽の様子や子葉の形に注目する。

↓

③数日経つと子葉の間から本葉が出芽する。3～4枚出たら畑か大型プランターに植え替える。

指導のポイント

- ここでタネをまく植物はヘチマ，ニガウリ，ヒョウタンのような雌雄異花のつる性植物がいいでしょう。ニガウリなら収穫して食べられます。ただ，経験上ヘチマの方が確実にできます。プランターで育てると失敗します。確実に畝を作るかとても大きいプランターを勧めます。
- このワークシートは3回分の観察ができるようにしています。前時や前々時の木や池，草むらに行く授業と抱き合わせにするといいでしょう。「野菜の土」のような肥料の混ざった土が育てやすいです。

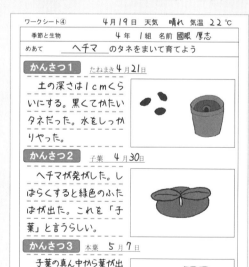

解説とワークシートの解答

第三次 第2時 ワークシート⑤ 「植物の成長を記録する」

目標 ▶ 植物は成長し，茎たけや葉の数が増えていくことを理解させる。

準備物
- □1m尺
- □温度計

授業の流れ

① 茎の高さ，葉の枚数，気温の3つを記録することを知る。

↓

② 棒グラフと折れ線グラフの混在でもそれぞれの大きさがわかる。

↓

③ 気温が高くなると茎たけが高くなり，葉の枚数も多くなることがわかる。

指導のポイント

● ここでも扱う植物が何でもいけるよう種名を空けています。4月下旬にタネをまき，秋まで育てるとしてその前半，6月上旬までのグラフが書けるように作っています。ニガウリ，ヒョウタンでも同様に使えるでしょう。棒グラフはサンプルを先に見せ，「こういうふうに書くんだよ」と示す方がいいでしょう。

● これも茎たけの長さ，葉の枚数，気温の測定は5分もあれば終わります。木や草むら，池の周りの植物や次単元の天気の様子，電気の働きなどと並行して授業されることを勧めます。植物や気象の単元は天気や生育任せのところがあり大変です。

第四次 第1時 ワークシート⑥ 「夏の校庭の木の周りの生き物は春に比べてどう変化しているか」

目標 ▶ 夏になり，校庭の木の周りの生き物がどう変化しているかを調べて理解させる。

準備物
- □虫めがね
- □デジタルカメラ
- □色鉛筆　□温度計

授業の流れ

① 春と同じ場所で観察することを告げ，その周りの生き物がどうなったかを予想する。

↓

② 春と同じ場所に行って木の周りを観察し，スケッチをする。

↓

③ 教室に戻り，各班ごとにどのような変化があったかを発表する。

指導のポイント

● この校庭の木の周りの生き物調べを各季節ごとに行います。1時間まるまるかかりません。他単元や次の草むらや池の周りの生き物と一緒にするなど上手に時間を取りましょう。

● 基本的に生物名はカタカナで書きます。「桜」「足長蜂」「団子虫」とならないように気をつけましょう。

● ワークシート②やこのワークシート⑦は観察の基本のシートとして多めに印刷しておくとどんな観察にも使えて便利だと思います。

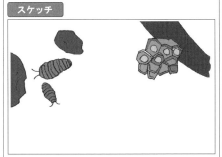

1 季節と生物

解説とワークシートの解答

第四次 第2時 ワークシート⑦ 「夏の草むらや池の周りの生き物は春に比べてどうなっているか」

目標 夏になり，草むらや池の周りの生き物がどう変化しているかを調べて理解させる。

準備物
- □虫めがね
- □デジタルカメラ
- □色鉛筆
- □温度計

授業の流れ

① 春と同じ場所で観察することを告げ，その周りの生き物がどうなったかを予想する。

② 春と同じ場所に行って草むらや池の周りの生き物を観察し，スケッチする。

③ 教室に戻り，各班ごとにどのような変化があったかを発表する。

指導のポイント

● ワークシート②で書いたような「毎月20日に木と写真を撮る」ことがきちんと続いていれば，特に時間を取ることなく，このような観察はできるのでしょうが，学期末の時期になかなか1時間観察の時間を取るのは大変です。期末懇談会やテストも終わった時期でもいいのでゆったりと1時間生き物探しをさせてやりたいところです。

● カマキリやバッタが見られますが，この時期のものは不完全変態による幼虫であることが多く，注意が必要です。

ワークシート⑦ 6月28日 天気 雨 気温 26℃
季節と生物 4年 1組 名前 國眼 厚志
めあて 夏の草むらや池の生き物はどうなっているか

かんさつの様子

草むら：オンブバッタやオオカマキリがいた。どちらもまだ幼虫らしい。成虫と同じような形だから分からなかった。気温は26℃だった。

池の周り：トノサマガエルのオタマジャクシがいた。後ろ足がはえていた。もうすぐカエルになるんだな。シオカラトンボがとんでいた。水温は22℃だった。

スケッチ

第四次 第3時 ワークシート⑧ 「植物の成長」

目標 植物が夏になってどのように成長しているかを調べさせる。

準備物
- □1m定規
- □色鉛筆
- □温度計

授業の流れ

① 春から夏の成長のグラフを見て，夏の成長を予想させる。

② データを記録し，春から夏のグラフと比較する。

③ 気温が高くなると植物がぐんと成長することがよく分かる。

指導のポイント

● 毎週継続してヘチマなどの茎たけ，葉の枚数，気温を調べます。葉の枚数はつるが入り交じるともう分からないので，途中からは無しでも構いません。茎たけも2mを超えると限界でしょう。

● ワークシート⑤のグラフがあればぜひ参考にしましょう。茎たけも葉の数も高止まりしているのが分かるでしょう。

● ニガウリを育てていると早ければ夏休み前に実ができ，食べられることもあります。ゴーヤチャンプルにするとおいしくいただけます。

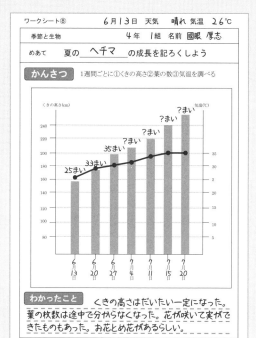

ワークシート⑧ 6月13日 天気 晴れ 気温 26℃
季節と生物 4年 1組 名前 國眼 厚志
めあて 夏の ヘチマ の成長を記ろくしよう
かんさつ 1週間ごとに①くきの高さ②葉の数③気温を調べる

わかったこと くきの高さはだいたい一定になった。葉の枚数は途中で分からなくなった。花が咲いて実ができたものもあった。お花とめ花があるらしい。

解説とワークシートの解答

第四次 第4時 ワークシート⑨ 「花のちがいを見つける」

目標 ヘチマなどの植物の雄花，雌花の花の違いを見つけさせる。

準備物
- □虫めがね
- □色鉛筆
- □温度計

授業の流れ
1. 花には雄花と雌花に分かれているものもあることを知る。
2. ヘチマ，ニガウリ，ヒョウタンなどは雄花・雌花が分かれた雌雄異花の単性花であることを理解する。
3. 雌花の下部の子房がふくらんで果実になることを知る。両生花についても知る。

指導のポイント
- 子どもたちは花にオスとメスがある…と言うと不思議に思うでしょう。3年生で学習した花も多分今まで見たことがある花もすべて両性花（完全花）で，おしべもめしべもあるからです。それに対し，ここで学習するヘチマ，ニガウリ，ヒョウタンなどは全て単性花（不完全花）なのです。
- 雌花の下の子房部分が将来果実になります。雄花に比べ膨らんでいるのがよく分かります。子どもたちの知っている野菜や果物の実はすべてめしべの下の子房が大きくなったものです。中学校の学習をここで体験させてやりたいところです。

第五次 第1時 ワークシート⑩ 「秋には校庭の木やその周りの生き物はどう変化しているか」

目標 秋の校庭の木とその周りの生き物がどうなっているかを調べさせる。

準備物
- □虫めがね
- □色鉛筆
- □温度計

授業の流れ
1. 春や夏の校庭の木の周りの生き物の様子を振り返る
2. 同じ場所の秋の校庭の木の周りの生き物を調べる。
3. 秋の生き物が春や夏と違っていることに気づき発表する。

指導のポイント
- 春・夏の生き物の課題と同じです。できるだけ定点観測ということで，同じ場所，同じ時間帯で調べたいところです。春や夏に見られなかったセイタカアワダチソウやススキの花穂，クズの葉，野菊（ノコンギクなどの総称）が見つけられたらほめてあげましょう。
- カエデなど紅葉する木があれば，その様子をぜひ観察しましょう。できれば月に1回は写真を撮り，秋に紅葉する木を見つけられたら興味も増すことでしょう。意外ですが校庭によく植えられているクスノキは春に紅葉します。

1 季節と生物

第五次 第2時 ワークシート⑪「秋には草むらや池の周りの生き物はどう変化しているか」

目標 秋の草むらや池の周りの生き物がどうなっているかを調べさせる。

準備物
- □ 虫かご
- □ 色鉛筆
- □ 温度計

授業の流れ

① 春や夏の草むらや池の周りの生き物の様子を振り返る。

② 同じ場所の秋の草むらや池や周りの生き物を調べる。

③ 秋の生き物が春や夏と違っていることに気づき発表する。

指導のポイント

- 草むらにはバッタやカマキリ、コオロギなどがいます。夏には幼虫でしたが秋には成虫になっています。これらは不完全変態なのであまり変態した感じがしません。でも明らかに大きさも羽の様子も違います。夏と比べられたらいいでしょう。
- 草むらを歩くとヌスビトハギ、イノコヅチ、オナモミなどのいわゆる「ひっつきむし」が衣服につきます。これらもタネを少しでも遠くに移動させようとする植物の戦略であることも教えましょう。

第五次 第3時 ワークシート⑫「秋にはヘチマはどう変化しているか」

目標 春にまいたヘチマ（ニガウリ・ヒョウタン）がどうなっているかを調べさせる。

準備物
- □ 虫めがね
- □ 色鉛筆
- □ 温度計

授業の流れ

① 春にまいたヘチマとその成長の様子を思い出させる。

② 茎の高さ、葉の数、葉やつるの様子、花の様子などを観察させる。

③ ヘチマの実ができ、その中にタネができていることを確認させる。

指導のポイント

- ヘチマのいいところはタネが多いところです。これを数えさせるだけでも授業は盛り上がります。また、繊維が強くヘチマタワシが簡単に作れるところです。実際に使うかどうかは別ですが、もらったら子どもたちは大喜びです。
- ニガウリは食べるのが一番です。ただ、収穫期が夏休みになるので観察もしにくくなります。タネを採る頃にはかなり干からびていてみすぼらしく感じられます。
- ヒョウタンはうまくできたら人形作りなど図工で使えます。中身を腐らせるので長い間水洗いをしないと臭いが抜けません。

解説とワークシートの解答

第六次 第1時 ワークシート⑬ 「冬の生き物の様子を調べる」

目標 校庭の木やその周りの生き物はどう変わっているかを調べさせる。

準備物
- □デジタルカメラ
- □色鉛筆
- □温度計

授業の流れ

①木とその周りの生き物の様子を調べさせる。

↓

②草むらの生き物の様子を調べさせる。

↓

③木の周りや草むらの気温を測定させる。

指導のポイント

● 春・夏・秋の生き物の課題と同じです。できるだけ定点観測と言うことで同じ場所，同じ時間帯でしらべたいものです。グループごとに「毎月同じ木の近くで写真を撮る」などの活動が続けられていたら特に時間を取らなくても木の周りや池の周りの様子がよくわかります。

● 冬はほとんど生き物が見られません。虫で無くても植物の様子で違ったところがあれば記入させましょう。

ワークシート⑬　1月17日　天気 晴れ　気温 4℃
季節と生物　4年 1組 名前 國眼 厚志
めあて　冬の校庭や草むら，池の周りはどうなっているか調べよう

かんさつの様子

校庭 バックネット裏のサクラの木は葉が全部無くなっていた。木にもその周りにも虫はいない。気温3℃

草むら 草むらにも虫はいなかった。タンポポがロゼットで冬ごしをしていた。オオカマキリの卵があった。気温3℃

池の周り 池の中にも虫やカエルはいなかった。葉が落ちていてそれがいっぱい入っていた。気温4℃，水温4℃

スケッチ

第六次 第2時 ワークシート⑭ 「冬の樹木を調べる」

目標 校庭の木の冬芽を見つけさせ，春に向けて準備をしていることを理解させる。

準備物
- □虫めがね
- □色鉛筆
- □温度計

授業の流れ

①校庭の木は春に向けてどのような準備をしているかを考えさせる。

↓

②木には冬芽があることを知らせ，写真や図で観察させる。

↓

③実際に冬芽を探しに行き，カッターで切り，春の準備ができていることを感じさせる。

指導のポイント

● 冬の観察で楽しいのは冬芽を見つけることです。木の葉が落ちると子どもたちは「枯れた」と言って見向きもしません。「枯れる」＝「死んだ」と捉えるのでしょう。でも次の年には芽を出し葉が出て花が咲きます。そのための準備期間なんだよと言ってあげましょう。

● 冬芽を見つけたら，多くある木の場合は最小限にとことわって，一つずつ採って観察させましょう。ルーペで見ると幾重にも重なって新しい芽が出ようとしているのが分かります。カッターで切ると初々しい芽が見られます。命の息吹を感じることでしょう。

ワークシート⑭　2月27日　天気 晴れ　気温 5℃
季節と生物　4年 1組 名前 國眼 厚志
めあて　校庭の冬めを見つけよう

スケッチ

サクラ　ケヤキ　イチョウ　カエデ

かんさつの様子

それぞれの木が春に向けて準備をしていることがわかった。木はかれてしまったのではなく，きちんと冬芽がつくられていた。冬芽は木によって違うことが分かった。

1 季節と生物

ポイント解説

4年生 身近な生物の観察方法

新学習指導要領では，「身近な動物や植物について，探したり，育てたりする中で，動物の活動や植物の成長と季節の変化に着目して，それらを関係付けて調べる活動を通して，次の事項を身に付けることができるよう指導する」とあります。「次のこと」とは，ア 動物の活動や植物の成長は，暖かい季節，寒い季節などによって違いがあること。イ 身近な動物の活動や植物の成長の変化について根拠のある予想や仮説を発想し，表現すること。

固い書き方ですが，要するにある動物や植物について年間を通じて観察をして，次の季節にはこうなるだろうな…と予想し，それが正しいかどうか，検証するとともに，なぜそうなるのかを考えるということでしょう。多くの先生方にとってこの「1年を通じて」という作業は大変苦痛に感じられることと思います。理科だけを教えるわけではないのにずっと生き物に縛り付けられている感じがすることでしょう。

筆者（國眼）が行ったとても簡単な方法は，樹木の観察です。樹木も立派な植物です。動物のように逃げたりエサも要らず，死ぬこともまずありません。毎日観察する必要は無く，月に一度だけ観察します。その際に「毎月観察する日」というのを決めておきます。例えば「14日」を観察する日とすると，その日の昼休みや放課後，もしくは下校前でも必ず観察に向かうことにします。そうすれば確実に1年に10回程度のデータが残るでしょう。観察そのものはそう面白いものでは無いと感じる子も多いでしょう。ただ，撮るだけですからね。ですから，「私たちの木」というのを決めます。校庭には班の数以上の木の種類があるでしょう。1班は1年間ずっとバックネット裏のソメイヨシノをバックに写真を撮ります。2班は校門近くのケヤキをバックに撮ります。3班は鉄棒の横のクスノキ，4班は雲梯横のイロハカエデ，5班は中庭のコブシ…という具合にです。班のメンバーは2学期，3学期とおそらく替わるでしょうが，4月の班のメンバーがずっと「私たちの木」の撮影には集結するのです。

4月に思い思いのポーズで写真を撮ります。5月14日になると「4月と同じ位置で同じポーズで写真を撮りなさい」と指示します。ピースの子は1年間ピース，腕組みの子はずっと腕組みです。欠席があったら，他の班から応援を借ります。そうすると次の月に撮るのが楽しみになってきます。子どもの服装も春から夏，夏から秋にかけて変わってきて，もちろん木も春のサクラが散り，葉桜になって，その葉も散っていく。ケヤキの葉が夏に増え，秋に散り，冬は雪をかぶる。そんな1年が記録できます。私もこの「14日」の撮影を忘れることがよくあります。すると担任よりも子どもたちが「先生，今日は撮影日です」と教えてくれます。1日や2日ずれても構いません。だいたい1か月に1回撮影できればいいのです。4月からの写真を廊下に貼り出せば，その葉の様子や枯れ具合もよく分かり，立派な掲示物となります。

　このケヤキでは4月に葉も何も無かったのに5月6月と新緑にあふれ，9月10月には葉が枯れてきて11月には1枚も無くなります。1月に雪で覆われるのは何とも季節感があります。木の1年がよく分かった感じがします。

　その「私たちの木」の観察・撮影に校庭は，中庭は，池は…とミックスすれば確実に理科の時間外で観察記録を作ることができるのです。「私たちの木」，ぜひおすすめです。

ワークシート①	月　日　天気　　　　気温　　　℃

季節と生物	年　組　名前
めあて	春になってみつけた生き物をさがして記ろくしよう

かんさつの様子　　生き物の様子をよく見てスケッチしましょう

木	草・花	動物(虫)

ワークシート②	月　　日　天気　　　　気温　　　℃

季節と生物	年　　組　名前
めあて	校庭の木とその周りにはどんな生き物がいるだろうか

かんさつの様子

スケッチ

ワークシート③	月　　日　天気　　　　気温　　　℃

季節と生物	年　　組　名前

めあて	草むらや池にはどんな生き物がいるだろうか

かんさつの様子

草むら

池の周り

スケッチ

ワークシート④	月　日　天気　　　気温　　　℃
季節と生物	年　　組　名前
めあて	＿＿＿＿＿＿のタネをまいて育てよう

かんさつ１　　たねまき　月　　日

- ＿＿＿＿＿＿＿＿＿＿＿＿
- ＿＿＿＿＿＿＿＿＿＿＿＿
- ＿＿＿＿＿＿＿＿＿＿＿＿
- ＿＿＿＿＿＿＿＿＿＿＿＿

かんさつ２　　子葉　　月　　日

- ＿＿＿＿＿＿＿＿＿＿＿＿
- ＿＿＿＿＿＿＿＿＿＿＿＿
- ＿＿＿＿＿＿＿＿＿＿＿＿
- ＿＿＿＿＿＿＿＿＿＿＿＿

かんさつ３　　本葉　　月　　日

- ＿＿＿＿＿＿＿＿＿＿＿＿
- ＿＿＿＿＿＿＿＿＿＿＿＿
- ＿＿＿＿＿＿＿＿＿＿＿＿
- ＿＿＿＿＿＿＿＿＿＿＿＿

ワークシート⑤　　　　　月　　日　天気　　　気温　　　℃

| 季節と生物 | 年　組　名前 |

めあて　春から夏の_____の成長を記ろくしよう

かんさつ　1週間ごとに①くきの高さ②葉の数③気温を調べる

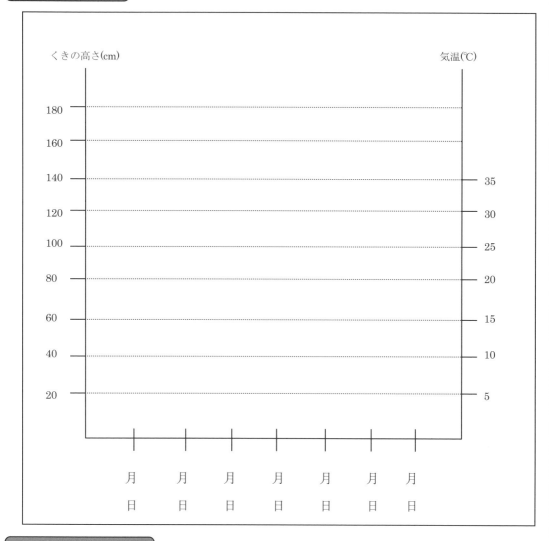

わかったこと

ワークシート⑥	月　　日　天気　　　気温　　　℃
季節と生物	年　　組　名前

めあて　　夏の校庭の木とその周りの生き物はどうなっているか

かんさつの様子　　木とその周りの生き物の様子

スケッチ

ワークシート⑦	月　日　天気　　　気温　　　℃
季節と生物	年　組　名前

めあて　夏の草むらや池の生き物はどうなっているか

かんさつの様子

草むら

池の周り

スケッチ

ワークシート⑧　　　　月　　日　天気　　　　気温　　　℃

季節と生物　　　　　　　　　年　　組　名前

めあて　夏の_____の成長を記ろくしよう

かんさつ　1週間ごとに①くきの高さ②葉の数③気温を調べる

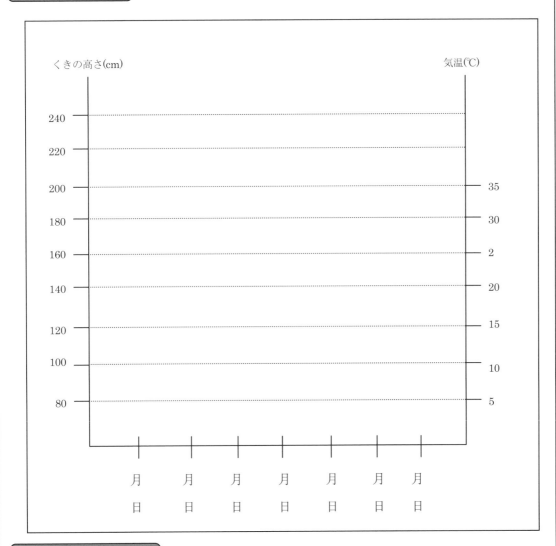

わかったこと

ワークシート⑨	月　　日　天気　　　　気温　　　℃

季節と生物	年　　組　名前

めあて ＿＿＿＿＿＿のおばな，めばなのかんさつをしよう

かんさつの様子

おばな（雄花）	めばな（雌花）
-------------------	-------------------
-------------------	-------------------
-------------------	-------------------
-------------------	-------------------
-------------------	-------------------
-------------------	-------------------

スケッチ

ワークシート⑩		月　　日　天気　　　　気温　　　　℃
季節と生物		年　　組　名前
めあて	秋の校庭の木とその周りの生き物はどうなっているか	

かんさつの様子　　木とその周りの生き物の様子

スケッチ

ワークシート⑪	月　　日　天気　　　　気温　　　℃
季節と生物	年　　組　名前

めあて　　秋の草むらや池の生き物はどうなっているか

かんさつの様子

草むら

池の周り

スケッチ

ワークシート⑫	月　　日　天気　　　気温　　　℃
季節と生物	年　　組　名前

めあて　　_____は秋になってどのように成長しているか調べよう

かんさつの様子

・くきの高さ→

・葉の数→

・気温→

・葉やつるの様子→

・花の様子→

・実の様子→

スケッチ

ワークシート⑬	月　　日　天気　　　　気温　　　℃
季節と生物	年　　組　名前

めあて　冬の校庭や草むら，池の周りはどうなっているか調べよう

かんさつの様子　　　　スケッチ

校庭

草むら

池の周り

ワークシート⑭	月　　日　天気　　　　気温　　　℃
季節と生物	年　　組　名前

めあて　　校庭の冬めを見つけよう

スケッチ

かんさつの様子

- -

- -

- -

- -

2 天気と気温

児童の多くは，晴れた日は曇りや雨の日より気温が高いと感じています。しかし，自分で測ってみた経験はないでしょう。気温を実際に測定してグラフ化し，比較させます。天気が雲の存在によって変わることは5年生で学びます。ここでは，太陽は毎日同じように昇っては沈んでいきますが，間に大きな雲があるかないかで気温が変わることを学びます。雲が日光を遮るので，太陽エネルギーが地上に届きにくくなることと，気温の上昇が少なくなることを関連付けて理解させます。

育成する資質・能力

【知識及び技能】

天気によって1日の気温の変化の仕方に違いがあることを理解する。

【思考力，判断力，表現力等】

天気の様子と気温の変化を関連付けて調べる活動を通して，天気の様子についての問題を見いだし，表現する。

【学びに向かう力，人間性等】

既習の内容や生活経験を基に，根拠のある予想や仮説を発想する力や主体的に問題解決しようとする態度を養う。

単元の構成　※丸付数字はワークシートの番号

第一次 1日の気温の変化
- 第1時　1日の最高気温と最低気温…①

第二次 天気による1日の気温の変化
- 第1時　天気の決め方と気温の測り方…②
- 第2時　百葉箱のつくり…③
- 第3時　晴れの日と曇りや雨の日の気温（測定値とグラフ）…④
- 第4時　晴れの日と曇りや雨の日の気温（記録温度計のデータ）…⑤

第三次 太陽の動きと気温の変化
- 第1時　晴れた日の気温と太陽高度…⑥

解説とワークシートの解答

第一次 第1時 ワークシート① 「1日の最高気温と最低気温」

目標 1日の中で、最高気温と最低気温を示す時刻について予想し、自分なりの根拠をもとに表現し、理解することができる。

準備物 □晴れた日の記録温度計のデータ、または、測候所のデータから得たグラフのプリント（貼り付け用）

授業の流れ

①1日の中で、最も気温が高い時刻と最も低い時刻を予想する。

②自分の経験や知識をもとに、そう考えた根拠を発表し合う。

③グラフをもとにして、最高・最低気温を示す時刻と、太陽との関係を知る。

指導のポイント

● 学習を始める前に、児童が気温の変化をどうとらえているのか調べるために、最高・最低気温の時刻を問います。最高が正午、最低が真夜中に集中するので、学ぶ価値ありです。

● 塾などで学んでいても、理由は説明できないでしょう。自分の経験から予想すると…ということで、面白い理由を聞くことができます。

● 最高気温の時刻は調べられそうなので、計測の意欲づけとなります。最低気温は測れないので、先生が記録温度計で測った結果を見せることを予告しておきます。

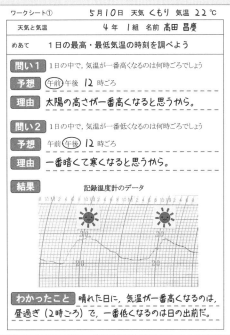

ワークシート① 5月10日 天気 くもり 気温 22℃
天気と気温　4年 1組 名前 高田 昌慶
めあて　1日の最高・最低気温の時刻を調べよう
問い1　1日の中で、気温が一番高くなるのは何時ごろでしょう
予想　午前・午後 12 時ごろ
理由　太陽の高さが一番高くなると思うから。
問い2　1日の中で、気温が一番低くなるのは何時ごろでしょう
予想　午前・午後 12 時ごろ
理由　一番暗くて寒くなると思うから。
結果　記録温度計のデータ
わかったこと　晴れた日に、気温が一番高くなるのは、昼過ぎ（2時ごろ）で、一番低くなるのは日の出前だ。

第二次 第1時 ワークシート② 「天気の決め方と気温の測り方」

目標 天気は、雲の量によって決められること、気温の測り方には、いろいろな約束事があることを理解し、観察・測定することができる。

準備物
□ 白熱電球
□ 雲のカード
□ 棒温度計

授業の流れ

①日光を遮る雲の量によって天気が決まることを知り、今日の天気を判定する。

②気温は、地面から1.2～1.5mの高さで測ることなどの約束事を知る。

③晴れの日と曇りや雨の日の気温を測り、ワークシートに記録する。

指導のポイント

● まず、雨が降っていても、雲の上に出れば、太陽が光り輝いていることを押さえます。

● 電球などの前に雲のカードをかざし、天気が変わる様子をモデル化します。

● 気温の測り方を復習する中で、教室で気温が測れるか問います。特に、地面からの高さ（2F、3F）に気づかない児童が多いからです。

● 気温の測定場所は、風通しが良く、1日中日陰になる場所を指定します。

● 休み時間ごとに、班全員で測りに行かせます。分担を許すと、人任せにする子どもが出てくるからです。

ワークシート② 5月12日 天気 くもり 気温 24℃
天気と気温　4年 1組 名前 高田 昌慶
めあて　天気の決め方と、気温のはかり方を調べよう
ポイント　天気は（雲の量）で決められている。
　← 雲は、日光を（さえぎる）。
・雲があっても青空が見えていたら…（晴れ）
・青空がほとんど見えなかったら……（くもり）
結果　今日の天気は（晴れ）！
ポイント　空気の温度＝（気温）
気温のはかり方のきまり
・（風）通しのよい（日かげ）
・地面からの高さが（1.2～1.5）m
・温度計に直接（日光）が当たらないようにする。
・（液だめ）にさわらない。
・同じ場所で3分間はかって記録する。
問い　教室の中で、気温をはかることはできるでしょうか
予想　まどを開けて、高さ1.2～1.5mではかればよい。
わかったこと　風通しが良くても、かげが大きすぎるし教室は2かいなので、地面からの高さが高すぎる。

2 天気と気温

解説とワークシートの解答

第二次 第2時 ワークシート③「百葉箱のつくり」

目標 百葉箱のつくりや設置について調べ，気温の測り方の約束事と関連づけて，特徴を理解することができる。

準備物
- □ 百葉箱の写真
- □ 百葉箱
- □ 記録温度計

授業の流れ

①教科書で，百葉箱について知る。

②百葉箱のつくりや設置条件，その必要性について，ワークシートにまとめる。

③百葉箱を見て，特徴とその必要性などを確かめる。

指導のポイント

- 百葉箱の名前も初めてなら，じっくり見るのも初めてです。
- 百葉＝百葉窓＝牛や羊の胃の様子＝ガラリ＝目隠しができ風通しがよいが，雨は入らない仕組みとされています。子どもには難しいですね。
- 扉がどの方位に向いているかなどの設置条件と，その意味などを問いながら，特徴について，ワークシートにまとめていきます。
- 百葉箱を実際に見ながら，一人一人中まで覗かせて，特徴とその必要性を確認させます。
- 記録温度計を見せ，何ができるのか，以前の記録を見せて説明します。

第二次 第3時 ワークシート④「晴れの日と曇りや雨の日の気温①」

目標 晴れの日と曇りや雨の日の気温を測定して記録し，グラフ化することでそれぞれの特徴に気付き，まとめることができる。

準備物
- □ 棒温度計
- □ 記録用紙

授業の流れ

①晴れの日と曇りや雨の日の気温の変化に違いがあるか考える。

②晴れの日と曇りや雨の日の気温を測定して表に記録し，グラフ化する。

③天気と気温の変化の特徴について，ワークシートに分かったことをまとめる。

指導のポイント

- 晴れて寒い日と曇りでも暖かい日では，グラフが重なったり，違いが明らかにならなかったりします。天気予報で，暑くなる晴れの日，比較的寒い曇りや雨の日を選定して，気温を測らせます。
- 算数で折れ線グラフを未習なら，縦軸・横軸の意味や，点や線のかき方を指導します。
- 子ども達は休み時間に測定するので，8時台と4時以降は，教師が測ってデータを与えるようにします。
- 「1日の気温の変化」という言葉は定着しにくいので，話の中に何度も織り込むようにします。

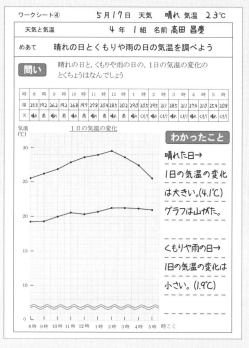

解説とワークシートの解答

第二次 第4時 ワークシート⑤ 「晴れの日と曇りや雨の日の気温②」

目標 天気と雲との関係を確認するとともに、1日の気温の変化の様子から、天気を判定することができる。

準備物
- □ 白熱電球
- □ 雲のカード
- □ 記録温度計のデータ

授業の流れ

①天気による1日の気温の変化の違いと雲との関係を考える。

↓

②1日の気温の変化の様子から、天気を判定する。

↓

③学んだことをもとに1日の気温の変化と雲、天気についてまとめる。

指導のポイント

- 2時間目に、天気と雲との関係は学んでいます。ここでは、改めて、雲が太陽エネルギーを遮ることが、天気だけでなく気温に変化を与えることを再確認させます。
- 白熱電球を太陽のモデルとして、雲カードで光を遮ることで、手に感じる暖かさが変わることを体感させます。
- 右の問いは楽にクリアできます。次に、記録温度計のデータを示し、グラフが細かく上下している理由を考えさせます。風の影響もあるでしょうが、雲が度々日光を遮っている様子を思い浮かべさせたいものです。

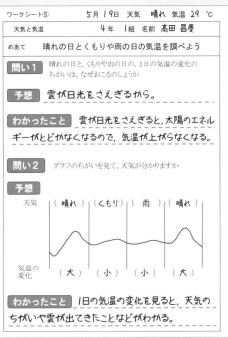

第三次 第1時 ワークシート⑥ 「晴れた日の気温と太陽高度」

目標 晴れた日の気温の変化と太陽高度の変化との関係を考えるとともに、最高気温が正午頃ではない理由についても理解することができる。

準備物
- □晴れた日の太陽高度と気温のグラフプリント（貼り付け用）
- □なべ　□ガスコンロ

授業の流れ

①晴れた日の最高気温が、正午ではなく午後2時頃であることを確認する。

↓

②気温と太陽高度の変化のグラフを見て、そのわけを考える。

↓

③晴れた日の最低気温についても、太陽との関係を考える。

指導のポイント

- 晴れた日の最高気温が昼過ぎであることは既習です。しかし、その理由について疑問をもつ子どもは少ないでしょう。
- 前の教科書では、太陽のエネルギーは空気を素通りして、まず地面を温める。その輻射熱で空気が温まり、気温が上がってくる。そのため、最高気温になるまで時間がかかるので、正午より2時間ほどずれる。と、説明されていました。
- しかし、暖房器具ではすぐ暖かくなってしまいます。そこで、鍋で湯を沸かし、すぐには熱くならないことを実感させます。

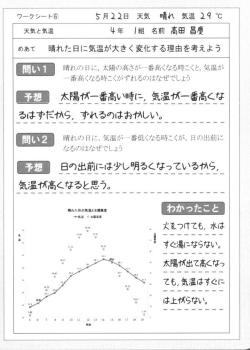

037

2 天気と気温

ポイント解説

指導のアイデア

太陽と雲と天気

「太陽さん」のモデルは白熱球です。今時のLEDは明るさはOKでも，熱を感じられないからです。店頭にない場合は，ネットで購入してください。

厚紙で作った「雲くん」モデルで日光（白熱球の光）を遮ると，天気が「晴れ」から「曇り」になります。しかし，その後ろで太陽は変わらず光り続けていることを確認させます。「雲くん」が通り過ぎると，また「太陽さん」の光が復活して「晴れ」になります。

なぜこのような作業をさせるかというと，「晴れ」という環境と「曇り」という環境が，別々にあると認識している子どもが少なくないからです。

天気は雲の量（有無）によって決まるという認識は，5年の「天気の変化」の単元に必要不可欠です。

太陽と雲と気温

「晴れ」の日に，「太陽さん」の前に手をかざすと，暖かく感じます。しかし，間に「雲くん」が入って日光を遮ると，手に感じていた暖かさが弱まります。

雲のない，または雲が少ない「晴れ」の日は気温が上がり，多くの雲で日光が遮られた「曇り」の日は気温が上がりにくいということを，体感的に理解させたいと思います。

ただ，白熱電球を見たことがないので，火傷するほど熱くなっていることを知らない子どもが多いのです。気をつけて，一瞬だけ触るという体験をさせることも大切ではないでしょうか。

太陽高度と気温

子どもの認識としては，太陽高度が最も高くなる正午頃に気温が最も高くなりそうですが，そうならない理由について，以前は以下のように説明していました。

太陽光によって，まず地面が暖められ，地面の熱が空気に伝わって気温が上がってきます。地面も空気も徐々に温度が上がってくるので，その時間の分だけ，気温のピークが2時間ほどずれます。

4年生の子どもには，少し難しいかと思います。そこで，晴れの日に，南側の窓のガラスに触れさせます。「暑くなってない」「冷たい」ことを確認させ，空気も同じように太陽のエネルギーが通り抜けてしまうので，暖かくなりにくいと説明しておきます。

次に，太陽高度をガスコンロの火力（弱・中・強）でモデル化します。手はかざしませんが，

「朝夕＝弱」「太陽の南中時＝強」とすると，やはり正午頃に最も気温が高くなりそうです。

「強」にしておいて，水入りの鍋をかけます。そこに指を突っ込んでも，すぐに熱くはなりません。時間が経つにつれて，水温は高くなっていきます。やがて「沸騰＝最高気温」

当たり前のことで無理があると思われるかもしれませんが，この時間差があることを明らかにしたいのです。イメージとして，太陽が南中する時刻と最高気温になる時刻に，2時間ほどのズレが生じる理由の，説明モデル実験です。

また，「消火＝日の入り」後は，湯はどんどん冷める一方です。そして，午前0時になっても，気温は下がり続けます。もう一度火をつける＝日が昇らない限り！

これも当たり前ですが，日の出前まで気温は下がり続けるので，その頃が，最低気温になるという説明モデル実験にもなります。

この体験をさせることで，真夜中が最も気温が低いという認識は感覚的な誤認識であると，理解させることができました。

晴れの日の気温の変化

子どもたちは，温度計を握って，休み時間ごとに気温を測りに出ます。そうして得たデータですが，昼過ぎに最高気温になるとは限りません。そうなったとしても，その時刻が午後1時，2時ではなく，3時にずれ込むこともあります。さらに，ピークが2時間以上続いたり，山が2つできたり……また，日本は大きく4つの気候区分に分かれているので，地域によってグラフが異なるかもしれません。

きちんと測った気温を，慣れない折れ線グラフに何とか現したのに，その形は教科書と違うことを，教師としては想定しておかなくてはなりません。それでも，その結果に価値をもたせ，子どもたちに達成感を与えるために，以下のような手立てを講じています。

子どもたちは，測定値の段階では違和感を覚えることはないでしょう。ですから，グラフ化する直前に，以下のような話をします。地理的条件（山沿い，海沿い）によって，気温の変化が教科書のような山形にならない場合がある。また，雲はもちろんのこと，風の影響でも気温が変化することがある。

このような知識を得た子どもたちは，「そう言えば，大きな雲が出ていたからだ」とか，「風が強かったからだ」などと，自分たちでグラフの形について評価するようになります。

ワークシート①　　　　　　　月　　日　天気　　　　気温　　　℃

| 天気と気温 | 年　　組　名前 |

めあて　　**1日の最高・最低気温の時刻を調べよう**

問い1　1日の中で，気温が一番高くなるのは何時ごろでしょう

予想　午前・午後　　　時ごろ

理由

問い2　1日の中で，気温が一番低くなるのは何時ごろでしょう

予想　午前・午後　　　時ごろ

理由

結果

記録温度計のデータ

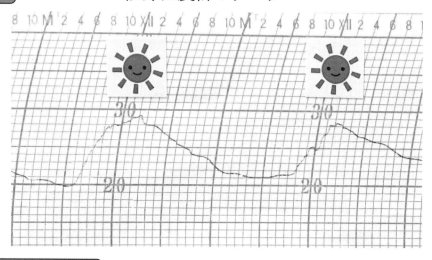

わかったこと

ワークシート②　　　　月　　日　天気　　　　気温　　　　℃

| 天気と気温 | 年　　組　名前 |

めあて　天気の決め方と，気温のはかり方を調べよう

ポイント

天気は（　　　　　　）で決められている。

← 雲は，日光を（　　　　　　）。

・雲があっても青空が見えていたら・・・（　　　）

・青空がほとんど見えなかったら・・・・・（　　　）

結果　今日の天気は（　　　　）！

ポイント

空気の温度＝（　　　　）

気温のはかり方のきまり

・（　　）通しのよい（　　　　）

・地面からの高さが（　　～　　）m

・温度計に直接（　　　　）が当たらないようにする。

・（　　　　）にさわらない。

・同じ場所で3分間はかって記録する。

問い　教室の中で，気温をはかることはできるでしょうか

予想

わかったこと

ワークシート③	月　日　天気　　　気温　　　℃
天気と気温	年　組　名前

めあて	百葉箱のつくりを調べよう

ポイント

百葉箱(ひゃくようばこ)…たくさんの板

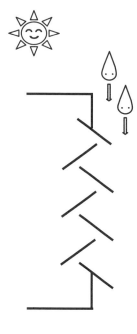

- 木の板→中が(　　　)なりにくい。
- 板がななめ→(　　　)が入らない。
- すき間が多い→(　　　)がよい。
- 白い板→(　　　)をはね返す＝(　　　)
- とびらが(　　　)がわに開く。
  →開けても中が(　　　)のまま。
- 屋根が(　　　)がわにななめ
  →とびらを開いても(　　　)が流れてこない。
- 台が，地面から(　　　)mの高さ
- しばふなどを植える→てり返しを(　　　)

わかったこと

感想

ワークシート④　　　　　月　日　天気　　　気温　　℃

天気と気温　　　　　　年　組　名前

めあて　晴れの日とくもりや雨の日の気温を調べよう

問い　晴れの日と，くもりや雨の日の，1日の気温の変化のとくちょうはなんでしょう

時	8時	9時	10時	11時	12時	1時	2時	3時	4時	5時
温										
天										

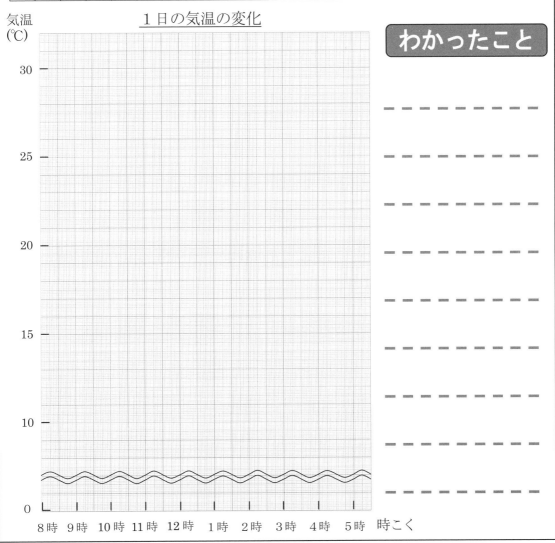

わかったこと

ワークシート⑤　　　　　月　　日　天気　　　　気温　　　　℃

天気と気温

年　　組　名前

めあて　晴れの日とくもりや雨の日の気温を調べよう

問い1　晴れの日と，くもりや雨の日の，1日の気温の変化の
ちがいは，なぜおこるのしょうか

予想

わかったこと

問い2　グラフのちがいを見て，天気が分かりますか

予想

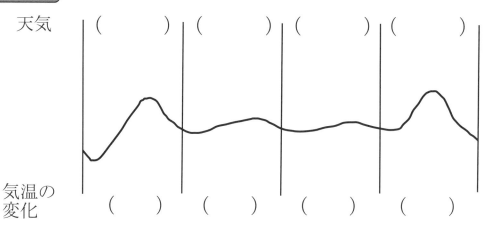

天気　（　　　）（　　　）（　　　）（　　　）

気温の変化　（　　）（　　）（　　）（　　）

わかったこと

ワークシート⑥ 　　　月　　日　天気　　　　気温　　　℃

天気と気温　　　　　年　　組　名前

めあて　晴れた日に気温が大きく変化する理由を考えよう

問い1　晴れの日に，太陽の高さが一番高くなる時こくと，気温が一番高くなる時こくがずれるのはなぜでしょう

予想　_____

問い2　晴れの日に，気温が一番低くなる時こくが，日の出前になるのはなぜでしょう

予想　_____

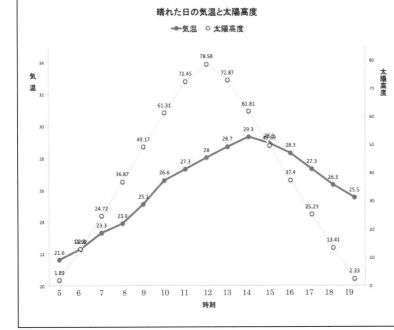

わかったこと
_____

3 雨水の行方と地面の様子

雨が降っている校庭に出て，あちこちにできた雨水の流れを観察します。雨が止んだら，雨水でできた溝や水たまりを観察します。水は低い所へ流れていくのは当たり前ですが，測定器を使って確かめる活動に，子ども達は意欲的に取り組むことでしょう。タイミングが重要なので，適宜時間割を組み替える必要があります。その後，粒の大きさと水のしみ込み方を関係付けて，実験的に確かめます。この活動をもとに，水害が起こる要因を理解させるとともに，防災意識を育てます。

育成する資質・能力

【知識及び技能】
水は，高い場所から低い場所へと流れて集まること，水のしみ込み方は，土の粒の大きさによって違いがあることを理解する。

【思考力，判断力，表現力等】
雨水の流れ方やしみ込み方と地面の傾きや土の粒の大きさを関係付けて追究する中で，根拠のある予想や仮説を発想し，表現する。

【学びに向かう力，人間性等】
既習の内容や生活経験を基に，根拠のある予想や仮説を発想する力や主体的に問題解決しようとする態度を育成する。

単元の構成　※丸付数字はワークシートの番号

第一次　雨水の行方
　第1時　雨上がりの地面の様子…①

第二次　雨水の流れ方
　第1時　雨水の流れと地面の傾き…②
　第2時　水たまりができる場所…③

第三次　雨水と土の粒
　第1時　水たまりと土の粒の大きさ…④

第四次　雨水と災害
　第1時　土の保水力と水害…⑤

第五次　雨水と肥料
　第1時　土の種類と肥料の吸着力…⑥

解説とワークシートの解答

第一次 第1時 ワークシート① 「雨上がりの地面の様子」

目標 雨上がり前・直後の運動場の地面の様子を観察し、雨水の流れで溝ができることや、水がたまっている所があることを確認し、表現することができる。

準備物 □デジカメ

授業の流れ

① 雨上がり前・直後の運動場の地面の様子を観察する。

② どんな所に溝ができているか調べる。

③ どんな所に水たまりができているか調べる。

指導のポイント

- 雨上がりの典型的な観察ポイントは、意外に少ないものです。事前に、溝ができやすい所、水たまりができやすい所を把握しておくことが必要です。
- 少ない観察ポイントをクラス全員に詳しく観察させることは難しいので、交代しながら観察させます。
- 一人3つ以上、変化を見つけるよう指示しておきます。
- 教室に戻って気づきを交流する際に、デジカメの画像が役立ちます。事前に、流れの太さ、曲がり、削られ具合、泥がたまっている様子など、子どもが見つけそうな変化を撮影しておきましょう。

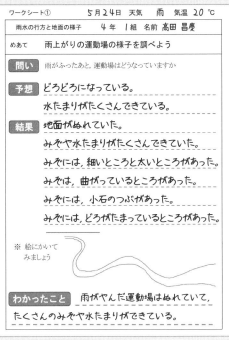

第二次 第1時 ワークシート② 「雨水の流れと地面の傾き」

目標 ペットボトルの傾斜測定器を使うことで、溝ができている所と水たまりになっている所の、地面の傾斜や高低に違いがあることが理解できる。

準備物 □デジカメ □ペットボトル傾斜測定器

授業の流れ

① ペットボトルの傾斜測定器で、溝の数カ所の、地面の傾きを調べる。

② 水たまりになっている所と周辺との、地面の高さの違いを調べる。

③ 地面の傾きや高低と、溝や水たまりができる場所との関連について考える。

指導のポイント

- 前時に続けて、雨上がり前後の運動場での観察になるので、時間調整が必要です。
- 地面の傾斜測定器は、2Lの四角いペットボトルで、班の数だけ作ります。
- 溝ができている所で測定場所を指定し、班ごとに地面の傾きを測らせます。
- 測定器で横方向の傾きを測らせますが、縦方向のズレは、教師が調整してやる必要があります。
- 鏡を当て、水平ラインとのズレを読み取らせます。
- 目測すると同時にデジカメで記録を残し、教室での振り返りで使います。

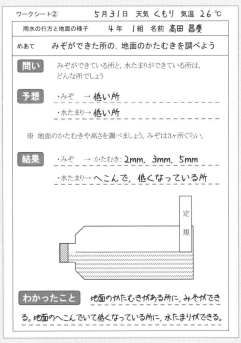

3 雨水の行方と地面の様子　　解説とワークシートの解答

第二次 第2時 ワークシート③「水たまりができる場所」

目標 雨上がりの水たまりを観察し，他の場所とは違って水がしみ込まず，たまっている要因を見つけて理解し，表現することができる。

準備物
- □プラカップ　□プラスプーン
- □虫めがね　□キッチンペーパー

授業の流れ

①水たまりを観察し，水がしみ込みにくい理由を考える。

②水たまりの底の土を触り，周囲の土との違いを体感する。

③水たまりができる理由を，土の粒の大きさと関連づけて体感的に理解する。

指導のポイント

- 水たまりの底には，砂や土だけでなく，粒度の小さい粘土などがたまっているため，水がしみ込みにくくなっています。
- そこに気づかせるため，事前に，土の違いを観察のポイントとしておきます。
- 各班でサンプルをカップに採取させてから，見た目だけではなく，手触りでも違いを感じ取らせます。
- 教室に帰ってから，各自にカットしたキッチンペーパーを与え，水たまりと周りの土を少しずつ分け，虫めがねで粒の大きさをメインにして観察させます。
- その他の気づきも交流させます。

ワークシート③　6月7日　天気 雨　気温 20℃
雨水の行方と地面の様子　4年 1組　名前 高田 昌慶

めあて 水たまりができる理由を調べよう

問い 水たまりの底の土と，まわりの土には，ちがいがあるでしょうか

予想
- 水たまりの土 → ざらざら，どろどろしている。
- まわりの土 → ざらざらしている。

※スプーンで土をすくっておきましょう

観察
- 水たまりの土 → ぬるぬるしていた。少しざらざらしていた。茶色がうすかった。
- まわりの土 → ざらざらしていた。つぶの大きさはいろいろあった。茶色がこかった。

※虫めがねで見たつぶを絵にかいてみましょう

わかったこと 水たまりの土はぬるぬるしていて，つぶがとても小さい。まわりの土はざらざらしていて，つぶが大きいものもある。

第三次 第1時 ワークシート④「水たまりと土の粒の大きさ」

目標 水のしみ込み方は，土の粒の大きさによって違うことを，実験を通して理解し，表現することができる。

準備物
- □水の保水力実験セット
- □砂利，砂，粘土
- □ストップウォッチ

授業の流れ

①実験セットに3種の土などを入れ，水がしみ込む様子を観察する。

②粒の大きさによる，入れた水が落ちる速さと，落ちた水の量の違いを比べる。

③水たまりができる理由を，土の粒の大きさと関連づけて実験的に理解する。

指導のポイント

- 前時の観察で，粒の小さな粘土が底にたまっているので，水たまりができたのだろうと予想するでしょう。それを，実験的に確かめます。
- ペットボトルをカットし，上部を逆さにして下部に差し込みます。口に3枚重ねにしたティッシュを詰めてから，同量の砂利，砂，粘土を入れます。
- 150mlの水を流し込み，下に落ちきるまでの時間を測ります。
- 最後に，下に落ちた水の量を比較します。
- 実験結果から，粘土と水たまりの関係は理解できるでしょう。粘土がたまる理由は，5年生に持ち越します。

ワークシート④　6月9日　天気 晴れ　気温 29℃
雨水の行方と地面の様子　4年 1組　名前 高田 昌慶

めあて つぶの大きさと水のしみこみ方の関係を調べよう

問い1 最も速く，水が下に落ちるのは，どれでしょう
予想 ア：じゃりだと思う。
結果 イの砂が一番速く落ちた。

問い2 最も多く，水が下に落ちるのは，どれでしょう
予想 ア：じゃりだと思う。
結果 アのじゃりが一番多く落ちた。

ア：じゃり（5分19秒）　イ：砂（4分2秒）　ウ：ねん土（落ちない）

わかったこと ねん土はつぶの大きさが小さいので，水が下へ落ちるすき間がない。だから，水たまりができやすい。

解説とワークシートの解答

第四次 第1時 ワークシート⑤ 「土の保水力と水害」

目標 土の種類によって、しみ込む水の量が違うことを、実験を通して理解し、水害との関わりについても考えることができる。

準備物
- □保水力実験セット
- □腐葉土, 野菜の土, 砂
- □洪水の資料

授業の流れ
1. 実験セットに3種の土などを入れ、水がしみ込む様子を観察する。
2. 土の種類による、保水力の違いを比べる。
3. 土の保水力と水害との関係を考える。

指導のポイント
- 本単元の大きな柱の1つに、雨水、土の保水力、水害との関係を理解させることがあります。
- 近年、台風だけでなく、降り続く大雨によって、各地で洪水や土石流による大きな被害が出ています。
- その要因の1つとして、雨水と川の流れ、雨水と土の保水力を提示し、実験や動画視聴を通して関連を理解させます。
- 今の、そして、これからの自分に何ができるのか、周囲の人々との関わりも含め、自分事として、しっかりした考えをもたせたいのです。

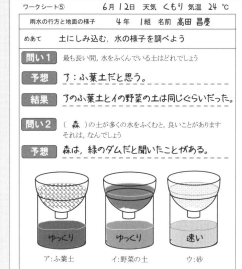

ワークシート⑤ 6月12日 天気 くもり 気温 24℃
雨水の行方と地面の様子 4年 1組 名前 髙田 昌慶
めあて 土にしみ込む、水の様子を調べよう

問い1 最も長い間, 水をふくんでいる土はどれでしょう
予想 ア：ふ葉土だと思う。
結果 アのふ葉土とイの野菜の土は同じぐらいだった。
問い2 (森)の土が多くの水をふくむと、良いことがあります それは、なんでしょう
予想 森は、緑のダムだと聞いたことがある。

ア：ふ葉土 ゆっくり / イ：野菜の土 ゆっくり / ウ：砂 速い

わかったこと 森の土が雨水をすいこんで、少しずつ流すので洪水になりにくい。また、川の水は、雨がふらなくても流れ続ける。森の土の力には限界があるので、大雨の時は、ひなんを考える。

第五次 第1時 ワークシート⑥ 「土の種類と肥料の吸着力」

目標 土の種類によって、保水力だけでなく肥料の吸着力も違うことを、実験を通して理解し、表現することができる。

準備物
- □保水力実験セット
- □腐葉土, 野菜の土, 砂
- □色水（液体肥料）

授業の流れ
1. 実験セットに3種の土などを入れ、色水がしみ込む様子を観察する。
2. 土の種類による、下に落ちる色水の濃さを比べる。
3. 土の種類と肥料の吸着を関係づけて考える。

指導のポイント
- 前時の実験で、水が土にしみ込む様子が確認できました。では、畑に撒いた肥料は、雨が降ったり水やりをしたりすると、一緒に地中にしみ込んでしまうかと問います。
- それを、実験的に確かめます。
- ペットボトルをカットし、上部を逆さにして下部に差し込みます。口にティッシュを詰めてから、同量の腐葉土, 野菜の土, 砂を入れます。
- 同量の色水を流し込み、下に落ちた色水の濃さを比べます。
- 腐葉土や野菜の土は肥料の吸着力が高いということは、5年の学習につながります。

ワークシート⑥ 6月16日 天気 晴れ 気温 29℃
雨水の行方と地面の様子 4年 1組 名前 髙田 昌慶
めあて ひ料をたくわえられる土を調べよう

問い ひ料(色水)を、たくさんたくわえておくことができる土はどれでしょう
予想 イ：野菜の土だと思う。
結果 野菜の土やふ葉土に青い色水をかけても、下に落ちた水の色は、青ではなく茶色だった。砂にかけた青色の水は、水色になって下に落ちた。

ア：ふ葉土 / イ：野菜の土 / ウ：砂

わかったこと ふ葉土や野菜の土には、ものをくっつけるせいしつがあるから、雨がふっても、ひ料は流れ出さない。

3 雨水の行方と地面の様子

ポイント解説

指導のアイデアとコツ

地面の傾斜測定器

2Lの四角いペットボトルを縦に半分割るように、マジックでラインをかきます。反対側にもかいておきます。水平な机上にペットボトルを横にして置いた時、ラインに重なるような量の水を入れます。これが基準となる水平ラインになります。

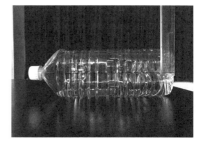

次に、ボトルの底辺りにラインに0を合わせた定規を、裏向きに両面テープで固定します。

この測定器を地面の数カ所に置いて、その地点の傾斜を測ります。でも、地面に測定器を置くと位置が低すぎるので、這いつくばらないと真横から目盛りを読むことができません。雨後で地面が濡れているので、そんなことはできませんね。

そこで、鏡を測定器の横に当てて、ラインや定規を写し出します。鏡ですから、定規の目盛りは左右反対に写ります。鏡を傾けると、しゃがんで上から覗き込むだけで、傾斜を読み取ることができます。定規を裏向きに貼るのは、このように鏡に写すためです。目盛りを底(端)の方に貼ると、変化がより大きく示され、違いが明らかになります。

土の粒の大きさと水のしみ込み方の違い

水たまりの底には、ヌルヌルとした粘土がたまっていることが多いでしょう。粘土が、水をしみ込みにくくしていることを、モデル実験で確かめさせます。

写真1のように、カットしたペットボトルの口の辺りに、湿らせたティッシュペーパーを3枚重ねて詰め込みます。これで、水だけ通して土砂の流出を防ぐことができます。

写真1.ティッシュがフィルターに

砂利、砂、粘土の上から150mLの水を注ぎ、水のしみ込み方の違いを調べさせます。粘土は物によって結果が違うと思いますが、ほとんど水は下に落ちません。砂利と砂は、全部下へ落ちてしまいます。ティッシュがなかったら、素通りといった感じでしょう。

この結果から、子どもは、粘土は粒の大きさが小さい、つまり、隙間がないので、水がしみ込みにくい。だから、水たまりができる、と理解を確かなものとするでしょう。

土の種類と水の保水力

　森は「緑のダム」「水源林」と呼ばれています。これは大量の落ち葉が土中生物や微生物に分解されて土になっており、これがスポンジのように水を大量に含みます。そして、少しずつ流れ出すようになっています。そのため、大雨が降ったとしても、一気に川の水量が増すことがありません。結果的に、洪水が起こりにくくなっているのです。また、晴天が続いても川の水が枯れることなく流れ続けるのも、このような仕組みがあるためです。

　モデル実験で、土の種類によって保水力が違うことを確かめてみましょう。

　水を、腐葉土、野菜の土、砂を入れたモデルに注ぎます。雨が降り続いたという想定で、水は150mlを4回注ぎました。下に落ちる水の色に目が行きがちですが、水が落ちる速さが遅いほど、水の保水力が高いということになります。結果は、腐葉土＝畑の土＞砂の順に遅くなりました。

　土地開発などの目的で森林伐採することで、このような自然の防災力を損なっているとしたらどうでしょう。洪水や土石流による被害は、天災ではなく人災なのではないかと、子どもたちに問いかけ考えさせたいと思います。また、失われた尊い命と避難のタイミングも、考え話し合わせたい課題です。

土の種類と肥料の吸着力

　畑に撒いた肥料は、雨が降ったり水やりをしたりすると、水と一緒に地中深くに溶け落ちていくのでしょうか。

　固形肥料なら日持ちしそうですが、液肥なら撒いても無駄になりそうです。しかし、そうならないことを、モデル実験で確かめてみましょう。

　青色の液体肥料を15倍に薄めて、300mlにしておきます。腐葉土、野菜の土、砂にかけます。下に落ちた水が青いほど、肥料の吸着性が低いということになります。

　砂では、色がやや薄くなった水色の液が下に落ちますが、腐葉土・野菜の土ともに、下に落ちたのは青色ではなく茶色い液でした。ティッシュが青く染まっていないことも驚きです。

　この実験で明らかになったのは、土には液肥を逃さない吸着力があるということです。ただ、その仕組みは複雑なので言及しません。雨水の行方とは直接関係ない実験ですが、5年の肥料の学習につながるので、この単元での一課題として設定しました。

ワークシート①	月　　日　天気　　　　気温　　　℃
雨水の行方と地面の様子	年　　組　名前

めあて	雨上がりの運動場の様子を調べよう

問い　雨がふったあと，運動場はどうなっていますか

予想

結果

※ 絵にかいてみましょう

わかったこと

ワークシート②　　　　月　日　天気　　　　気温　　　℃

雨水の行方と地面の様子　　　年　　組　名前

| めあて | みぞができた所の、地面のかたむきを調べよう |

問い　みぞができている所と、水たまりができている所は、どんな所でしょう

予想
・みぞ　→
・水たまり→

※　地面のかたむきや高さを調べましょう。みぞは3ヶ所ぐらい。

結果
・みぞ　→　かたむき：
・水たまり→

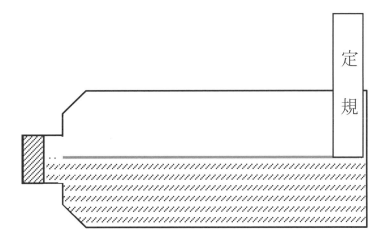

わかったこと

ワークシート③	月　　日　天気　　　　気温　　　℃

雨水の行方と地面の様子	年　　組　名前

めあて	水たまりができる理由を調べよう

問い　水たまりの底の土と，まわりの土には，ちがいがあるでしょうか

予想
・水たまりの土　→
・まわりの土　→

※ スプーンで土をすくっておきましょう

観察
・水たまりの土　→

・まわりの土　→

※ 虫めがねで見たつぶを絵にかいてみましょう

（水たまり）　　　（まわり）

わかったこと

ワークシート④　　　　　月　　日 天気　　　　気温　　　℃

雨水の行方と地面の様子　　　年　　組　名前

| めあて | つぶの大きさと水のしみこみ方の関係を調べよう |

問い1　最も速く，水が下に落ちるのは，どれでしょう

予想　------------------------------

結果　------------------------------

問い2　最も多く，水が下に落ちるのは，どれでしょう

予想　------------------------------

結果　------------------------------

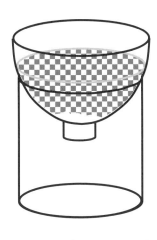 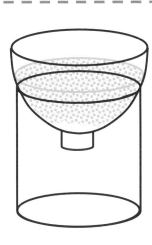 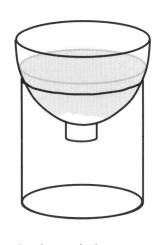

ア：じゃり（　　　　）　イ：砂（　　　　）　ウ：ねん土（　　　　）

わかったこと　------------------------------

ワークシート⑤	月　日　天気　　　気温　　　℃

雨水の行方と地面の様子　　年　組　名前

めあて　土にしみ込む，水の様子を調べよう

問い１　最も長い間，水をふくんでいる土はどれでしょう

予想　--------------------------------

結果　--------------------------------

問い２　(　　)の土が多くの水をふくむと，良いことがあります　それは，なんでしょう

予想　--------------------------------

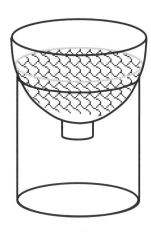 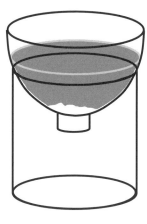 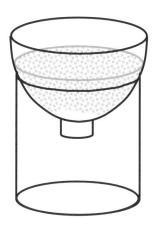

ア:ふ葉土　　　　　イ:野菜の土　　　　　ウ:砂

わかったこと　--------------------------

ワークシート⑥	月　日　天気　　　気温　　　℃
雨水の行方と地面の様子	年　組　名前

めあて　ひ料をたくわえられる土を調べよう

問い　ひ料(色水)を，たくさんたくわえておくことができる土はどれでしょう

予想　- -

結果　- -

- -

- -

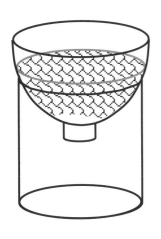  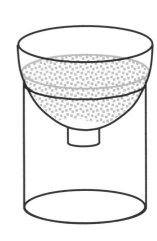

　ア:ふ葉土　　　　　イ:野菜の土　　　　　ウ:砂

わかったこと　- - - - - - - - - - - - - - - - - - -

- -

4 月と星

月と星については学校での観察が大変難しい単元です。保護者の協力を得て，夜に観察したり，ソフトウェアやアプリでのバーチャルな観測となります。できるだけ学校でも見られるよう，学習の時期を考えることと，家で観察するのならワークシートに書く視点を丁寧に説明する必要があります。ここで述べる掲載例のようになるかどうかは，時期によって大きく異なります。しかし，視点としては月も星も同じ向きに動いていること，星の互いの位置関係は変わらないことをしっかりつかませましょう。

育成する資質・能力

【知識及び技能】

月は日によって形が変わって見え，1日のうちでも時刻によって位置が変わること。空には，明るさや色の違う星があること。星の集まりは，1日のうちでも時刻によって，並び方は変わらないが，位置が変わること。

【思考力，判断力，表現力等】

月や星の特徴について追究する中で，既習の内容や生活経験を基に，月や星の位置の変化と時間の経過との関係について，根拠のある予想や仮説を発想し，表現すること。

【学びに向かう力，人間性等】

月や星の特徴を調べる活動を通して，それらについての理解を図り，観察，実験などに関する技能を身に付けるとともに，主に既習の内容や生活経験を基に，根拠のある予想や仮説を発想する力や主体的に問題解決しようとする態度を育成する。

単元の構成 ※丸付数字はワークシートの番号

第一次 月の動きを調べる
- 第1時 三日月の動きを調べる…①
- 第2時 半月の動きを調べる…②
- 第3時 満月の動きを調べる…③

第二次 雨水の流れ方
- 第1時 北の空の星の動きを調べる…④
- 第2時 南の空の星の動きを調べる…⑤

第三次 季節の星座の動きを調べる
- 第1時 冬の星座の動きを調べる…⑥

解説とワークシートの解答

第一次 第1時 ワークシート① 「月の動きを調べる」

目標 昼間の月を見てみよう。

準備物 □記録用紙

授業の流れ

①昼間にも月が見えるかどうか話し合う。

↓

②グラウンドに出て月の観察をする（三日月の頃）。

↓

③1時間後，2時間後観察した月はどちらに移動するかを予想させ，再び観察する。

指導のポイント

●月の学習は本当に難しいです。実際に月を観察しての学習が大変難しいからです。そこで月の学習のスタートは三日月から始めるのです。三日月は朝10時頃，太陽の動きに少し遅れて東の空から昇ってきます。夕方も午後3時頃なら南中もしくは少し西に沈みかけているでしょう。新月が太陽と同じに動くと考えれば三日月が少しそのあとだということが分かるはずです。

●昼間に月が見えることは子どもたちはすでに経験済みかも知れませんが，「今日見えるよ」と言うと，尊敬のまなざしで見られるかも知れません。ぜひその日に2回は観察したいものです。

ワークシート①　5月29日　天気 晴れ　気温 30℃
月と星　　4年 1組 名前 國眼 厚志
めあて　昼間の月をかんさつしよう

かんさつの様子

朝10時頃グラウンドに行くと月が出ていた。三日月だった。昼間でも月が見えるんだとびっくりした。

月はどう動くだろうか

1時間後の11時にもう一度グラウンドに出た。太陽も南に向かって上がっていたが，三日月も同じように南に向かって動き，上がっていた。三日月も太陽と同じように動くのだと分かった。

1時間後

第一次 第2時 ワークシート② 「半月の動きを調べる」

目標 半月も太陽と同じように動くのか調べてみよう。

準備物 □記録用紙

授業の流れ

①三日月が昼間に見えたのを思い出し，半月が昼間に見えるかを予想する。

↓

②半月を観察し，その形や向きを記録する。

↓

③太陽の動きと比べ，半月がどのように動いているかを予想し，図にまとめる。

指導のポイント

●新月は太陽とともに昇り，太陽とともに沈みます。ところが新月は全く見えません。三日月は太陽から少し遅れて昇ります。だからまだ太陽があまり明るくない頃なら昼間でも見られます。晴天でも無い，曇天でも無いというのは難しいですが，雲間から見られることはあるでしょう。

●三日月から4日ほど経つと上弦の月が見えます。太陽よりさらに遅れて見えます。午前中は見えにくいでしょうが，夕方3時頃ならぎりぎり授業に間に合うかも知れません。その後は家に帰ってからの観察になります。そこから午前中の動きを想像させましょう。

ワークシート②　6月2日　天気 晴れ　気温 25℃
月と星　　4年 1組 名前 國眼 厚志
めあて　半月がどのように動くかをかんさつしよう

かんさつの様子

夕方3時頃に南の空を見ると，半月が見えた。太陽の後を追いかけている気がした。

どんな半月になるのだろう

半月はどう動くだろうか

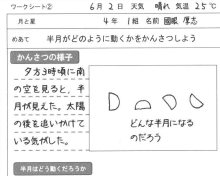

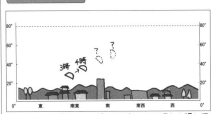

南に向かって動き，上がっていた。三日月も太陽と同じように動くのだと分かった。

4 月と星

第一次 第3時 ワークシート③ 「満月の動きを調べる」

目標 ▶ 満月も太陽と同じように動くのか調べてみよう。

準備物 □記録用紙

授業の流れ

① 三日月よりも半月は太陽に遅れて出たことを思い出し、満月の出方を予想する。

② 満月を観察し、その形や向きを記録する。

③ 太陽の動きと比べ、満月がどのように動いているかを予想し、図にまとめる。

指導のポイント

● 満月は残念ながら学校の授業で観察することはできません。見える時刻は太陽が沈む夕方頃です。従って満月の観察は家庭学習となります。三日月、半月と少しずつ太陽から遅れ、満月になるとその差は最大に見えます。「菜の花や月は東に日は西に」与謝蕪村の俳句のようにちょうど月と太陽が反対に見えるその月こそが満月なのです。ぜひ、太陽と満月の位置関係を観察させましょう。

● その後満月も三日月や半月と同じように南に上がり、西に沈みます。どの月も太陽と同じ動きをすることを確かめたいものです。

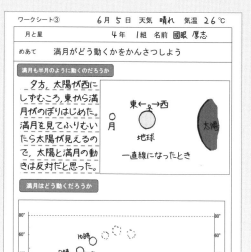

第二次 第1時 ワークシート④ 「北の空の星の動きを調べる」

目標 ▶ 北の空の星はどのように動くのか調べてみよう。

準備物 □記録用紙 □方位磁針 □星座早見盤

授業の流れ

① 星座早見盤の使い方を学ぶ。北の星の見方を学習する。

② 早見盤を使って北の空の星の動きを学習する。家庭での観察の仕方を学ぶ。

③ 星は時間が経つと位置が変わる、星同士の位置は変わらない。北極星を中心に反時計に回ることがわかる。

指導のポイント

● まずは北斗七星のひしゃくの形を教えましょう。子どもたちは小さなひしゃくが空に浮かんでいると思うでしょう。とても大きなひしゃくであることを伝えましょう。

● 星座早見盤では北極星が中心の「ハトメ」で作られていることから北極星を中心に回っていることは明らかです。あくまでも星座早見盤はバーチャルなので実際の観察をしなければならないことを理解させましょう。

● お家の人に協力を仰ぎます。ぜひ学級通信などで呼びかけましょう。

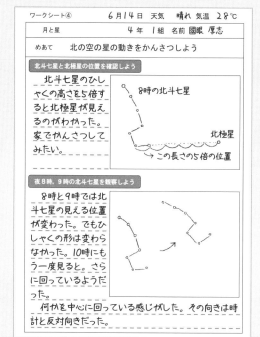

解説とワークシートの解答

第二次 第2時 ワークシート⑤ 「南の空の星の動きを調べる」

目標 ▶ 南の空の星はどのように動くのか調べてみよう。

準備物
- □ 記録用紙
- □ 方位磁針
- □ 星座早見盤

授業の流れ

①北の星の動きを復習し、南の星はどのように動くのか予想する。

↓

②早見盤を使って南の空の星の動きを学習する。家庭での観察の仕方を学ぶ。

↓

③南の空の星は太陽のように動くことがわかる。

指導のポイント

- この日までに星座早見盤が使えるようになっているはずです。夏の大三角形で無くさそり座でも構わないので、授業の中で位置を確認しておきましょう。
- 北の空の星は北極星を中心に反時計回りに回っています。それなのにどうして南の空の星は太陽と同じように東から南を通り、西に、つまり時計回りに回っているのでしょう。なかなかその説明は難しいですね。要は同じ向きに回っているのに観察する人が前後に反対を向いているからに他なりません。指導者も混乱することがあるので要注意です。

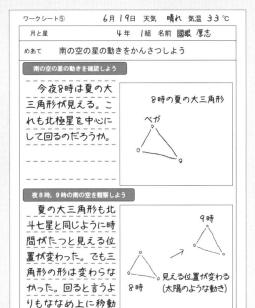

第三次 第1時 ワークシート⑥ 「冬の星座の動きを調べる」

目標 ▶ 冬の星座はどのように動くのか調べてみよう。

準備物
- □ 記録用紙
- □ 方位磁針
- □ 星座早見盤

授業の流れ

①星座早見盤の使い方を復習する。

↓

②午後8時のオリオン座の位置を確認する。

↓

③オリオン座がどのように動くのかを予想し、実際に1時間後に確認する。

指導のポイント

- 北の空の星を星座早見盤で確認するのは比較的簡単ですが、南の空の星はそのままだと分かりにくいことがあります。北を見て北極星をだいたい合わせ、それを頭の上に持って行き、天頂を合わせると南の空の星もよく分かります。
- 実際の観察は保護者と行います。今はスマホでGPSを利用した星座観察アプリがあるので、とても便利です。教室でも予行演習に使ってみて、スクリーンに投影してみるといいでしょう。「星座表」「NightSky」などが定番です。パソコンではステラナビゲータがおすすめです。

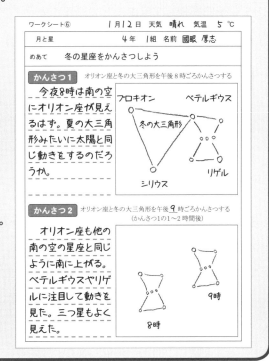

4 月と星

ポイント解説

月齢の学習は難しい？

今までの勤務校で，月の単元は最も質問をされるうちの一つです。やはり多くの小学校の先生は月の単元が苦手なようです。その理由はやはり，実際に観察が難しいから。そして今，何日目の月か，次はどんな月が来るのか分からないからというのが多いようです。観察ができにくいのは仕方ありませんが，それは本文に書いたように三日月や上弦の月はほぼ確実に学校で見られます。だからそのときを逃さないようにします。そして，今の月が何か分からないというのは自作の月齢カレンダーで対処します。そろそろ月の学習が始まる2週間前くらいから，新聞の「今日の月齢」を200％に2回くらい拡大して切り抜きます。それは何日目の月からでも構いません。ただ，毎日するのです。それを私は黒板の一番上に貼っておきました。できれば厚紙の裏打ちをするか，ラミネートをして。そして月の見える部分だけ油性ペンで黄色に塗ります。これはけっこう目立つので「先生，次は月の勉強だね」と子どもたちにもよく分かります。土日や祝日も忘れずに貼ります。子どもたちは次の月の形を予想します。「だんだん小さくなるね」「次はほぼ無くなるんじゃないかな」 そんな声が聞こえてきます。「真っ黒な月って何？」まだ授業も始まっていないのにそんな質問も出ます。「満月」は意識しても「新月」は分からないのですね。「太陽と同じくらいに出て同じくらいに沈むから僕らの目には見えないんだよ」こんな答えから，月は太陽と同じような動きをすることも授業前に想像がつきます。「三日月」と「十三日月」と「二十六夜月」の違いも一か月貼ると分かります。半月も2つあるけれど，上弦と下弦の違いもその月齢から興味を持ってくれるといろいろな話ができます。苦手な先生はまず，新聞の切り抜きを切って拡大して色塗りして貼ることから始めたら，確実に分かるようになりますよ。

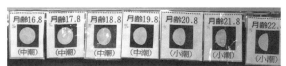

上弦，下弦どっち？

半月でも上弦の月と下弦の月があります。どちらか分からない人は「上」の「う」の形に丸みがあると「上弦」，「下」の「し」の形に丸みがあると下弦と覚えておけば大丈夫です。三日月の後にすぐ来るのはもちろん「上弦」です。数学用語の「弦」というのが出てくるので苦手意識があるかも知れませんが，もともと太陰暦では新月が一日で，満月が十五日あたりになったのでしょうね。だから上弦は月の上旬の半月なのです。下弦も月の下旬の半月なのであまり「弦」の意識は無かったのだと思います。太陰暦だと1年が354日なので何年かに1回13月が要り，月給を余分に払わなければならないのでそれがない太陽暦に変えたのだと言われています。

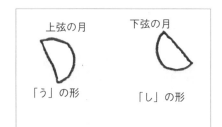

月齢は19年周期

尾崎紅葉の有名な小説に「金色夜叉」があります。貫一とお宮は恋人同士でしたが，お宮が心変わりし，1月17日に熱海の海岸で別れ話をします。失意の貫一がお宮に，「来年の今月今夜のこの月を僕の涙で曇らせてみせる」と告げるシーンがあります。

小説のお話を科学の目で分析するのは無粋ですが，この日の月はどんな月だろうと興味が湧きませんか？　当日が1月17日というのははっきりしていますが，何年の1月17日かわかりません。尾崎紅葉が金色夜叉を発表したのが1897年です。月齢早見表で見てみると，1897年の1月17日は月齢14日，ほぼ満月です。貫一の心情では，「曇らせてみせる…」というセリフには満月がお似合いです。その前年，前々年の1月17日の月は，月齢がそれぞれ21日，3日で，満月には程遠くイメージに合いません。どうやら小説発表の年，1897年の月と考えるのが妥当でしょう。

では，「来年の今月今夜」はどうでしょう。1898年の1月17日の月齢は25日，涙で曇らせるに値しない細い月です。月は19年のサイクルで，同じ日に同じ形が見られます。1897年の1月17日と同じ月が次に見えるのは1916年です。「19年後の今月今夜に…」と言ってもそんな先の話はピンときません。

科学の分析は，このような場合はやはり無粋というわけです。

ワークシート①	月　　日　天気　　　　気温　　　℃
月と星	年　　組　名前

めあて　昼間の月をかんさつしよう

かんさつの様子

月はどう動くだろうか

ワークシート②　　　　月　　日　天気　　　　気温　　　℃

月と星　　　　　　　　　　年　　組　名前

めあて　　半月がどのように動くかをかんさつしよう

かんさつの様子

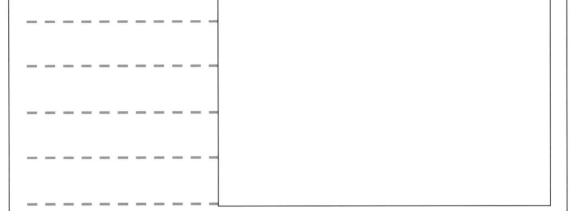

半月はどう動くだろうか

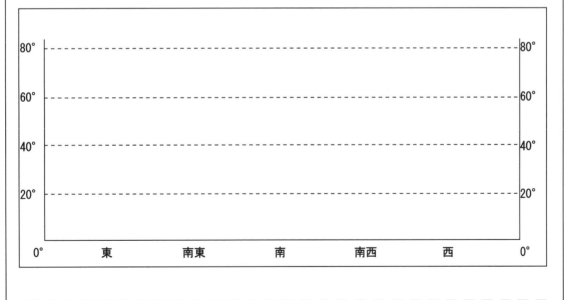

ワークシート③   月　日 天気　　　気温　　℃

月と星　　　　　年　組　名前

めあて　満月がどう動くかをかんさつしよう

満月も半月のように動くのだろうか

満月はどう動くだろうか

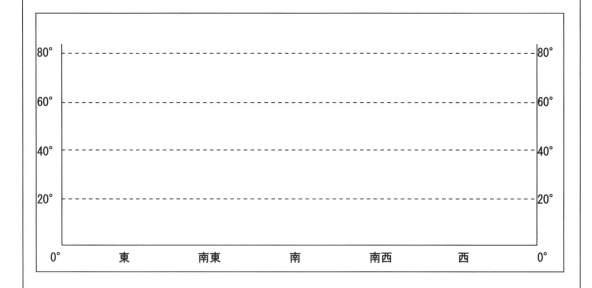

ワークシート④	月　　日　天気　　　　気温　　　℃
月と星	年　　組　名前

めあて　　北の空の星の動きをかんさつしよう

北斗七星と北極星の位置を確認しよう

夜8時，9時の北斗七星を観察しよう

ワークシート⑤	月　　日　天気　　　　気温　　　℃

月と星　　　　　　　　　年　　組　名前

めあて　　南の空の星の動きをかんさつしよう

南の空の星の動きを確認しよう

夜8時，9時の南の空を観察しよう

ワークシート⑥　　　　　　月　　日　天気　　　　気温　　　　℃

月と星　　　　　　　　　　年　　組　名前

めあて　冬の星座をかんさつしよう

かんさつ1　オリオン座と冬の大三角形を午後8時ごろかんさつする

かんさつ2　オリオン座と冬の大三角形を午後＿＿時ごろかんさつする
　　　　　　　（かんさつ1の1～2時間後）

5 ヒトの体のつくりと運動

この単元は自分の体を使って体験・観察するのですが，骨や筋肉の動きは「かたい」「やわらかい」程度でしかわかりません。そこで人体骨格模型やビデオ教材，腕の筋肉と骨格見本などが必要となります。理科準備室に何があるかを把握しておきましょう。無ければ簡単なものを作ることもできます。図を描いて説明することも多い分野です。子どもは一から描くのはなかなか難しいと思います。ワークシートであらかじめ図を印刷し，そこに描き込む形を採るのがいいでしょう。

育成する資質・能力

【知識及び技能】

人や他の動物について，骨や筋肉のつくりと働きに着目して，それらを関係付けて調べる活動を通して，次の事項を身に付けることができるよう指導する。

（ア）人の体には骨と筋肉があること。
（イ）人が体を動かすことができるのは，骨，筋肉の働きによること。

【思考力，判断力，表現力等】

人や他の動物について追究する中で，既習の内容や生活経験を基に，人や他の動物の骨や筋肉のつくりと働きについて，根拠のある予想や仮説を発想し，表現すること。

【学びに向かう力，人間性等】

主に既習の内容や生活経験を基に，根拠のある予想や仮説を発想する力や生命を尊重する態度，主体的に問題解決しようとする態度を育成する。

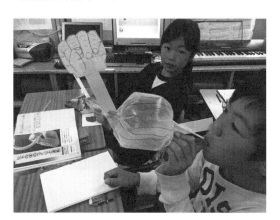

単元の構成
※丸付数字はワークシートの番号

第一次 体のつくりと運動を調べる
　第1時　体のつくりについて考えてみる…①

第二次 骨と関節を調べる
　第1時　腕や手はどこで曲げられるか…②
　第2時　腕や手以外の曲げられるところを調べる…③

第三次 骨と筋肉を調べる
　第1時　筋肉のはたらきを調べる…④
　第2時　他の動物の体の仕組み…⑤

解説とワークシートの解答

第一次 第1時 ワークシート① 「体のつくりについて考えてみる」

目標 ▶ わたしたちの体はどのようなつくりとしくみで動いているのか調べよう。

準備物 □色鉛筆

授業の流れ

① 自分たちの体はどうやって動いているのか考える。

② 実際に手や足を動かしてみて、どんな風に動いているか発表し合う。

③ 曲がるところと曲がらないところを知り、筋肉や関節、骨につながる発言を引き出す。

指導のポイント

● 本時は導入です。なかなか面白くなりにくい単元なので、できるだけ楽しく、興味がもてるように自分の体で観察させたいものです。ふざけて危険な行動をしたり、筋肉や骨の話意外に興味の対象がそれないようにする必要があります。「自分たちの体の秘密について調べる大切な時間なんだよ」と最初に話しておくことが大切です。

● 「筋肉」「関節」「骨」「骨格」などの言葉が出てくるようならばここで挙げさせてもいいでしょう。

● 曲げられるところと回せるところは関節が違います。どこが曲げられてどこが回せるのか確認しておきましょう。

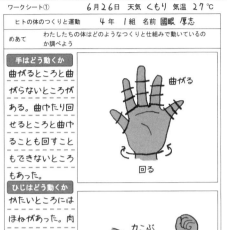

第二次 第1時 ワークシート② 「腕や手はどこで曲げられるか」

目標 ▶ 自分の体の曲げられるところを調べよう。

準備物 □色鉛筆

授業の流れ

① 腕や手で曲げられるところを探し、ワークシートに書き込む。

② 曲げられるところには何があるのかを考え、発表する。

③ 「骨」「関節」の用語を知り、これらによって体は曲げることができることを知る。

指導のポイント

● 前時は「曲げられるところ」「回せるところ」「曲げられないところ」「固いところ」「柔らかいところ」と骨と筋肉についての概要を触感で理解しようとしました。本時は「ヒトの体には骨と筋肉があり、関節は骨と骨とのつなぎ目である」ということを理解させます。きちんと用語としての「骨」「筋肉」「関節」を教えましょう。

● ここでは骨と関節を中心に扱うので筋肉は次時以降で学びます。曲がり方の原理などは扱わなくていいでしょう。

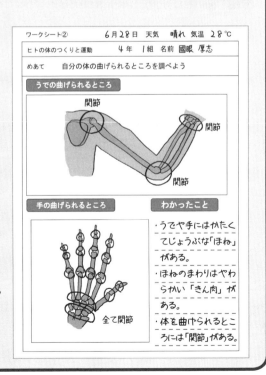

5 ヒトの体のつくりと運動

解説とワークシートの解答

第二次 第2時 ワークシート③ 「腕や手以外の曲げられるところを調べる」

目標 うでや手以外に曲げられるところを調べよう。

準備物 □色鉛筆

授業の流れ

腕や手以外で曲げられるところを探し発表する。

↓

ワークシートの骨格図の関節の部分に丸をつける。

↓

③丸のついた関節をそれぞれ自分でも曲げてみようとする。

指導のポイント

●この骨格図を黒板に描いたり，子どもにノートに描かせたりする先生がおられます。その時間がとてももったいなく思います。黒板に描かずにプロジェクターで投影，ノートに描かずにプリントに印だけつける方が効率的です。

●スクリーンに投影された骨格図の「ここを曲げてみて」と指示し，全員で曲げて関節を体験すると楽しいですよ。

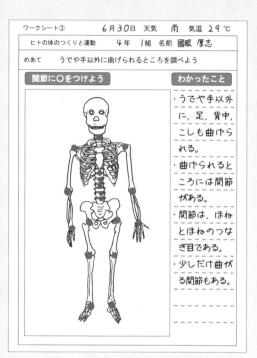

第三次 第1時 ワークシート④ 「筋肉のはたらきを調べる」

目標 きん肉のはたらきを調べよう。

準備物 □色鉛筆 □筋肉の働き実験器

授業の流れ

体を動かすとき，筋肉はどのようなはたらきをするか考える。

↓

腕を曲げたりのばしたりするときの筋肉の様子を調べる。

↓

③腕を曲げるときは内側が縮み外側が伸びる。伸ばすときはその逆だと理解できる。

指導のポイント

●骨と関節については学習しましたがそれだけでは体は動きません。ただの骨格模型です。そこには筋肉が介在します。骨の両側に筋肉があり，一方が収縮すると一方が弛緩し，骨は収縮した向きに曲がります。

●一方が縮み，一方が緩む…というのは頭で覚えるだけでは理解できません。後に述べる「筋肉の動き実験器」を自作させ，体験させるのが一番でしょう。

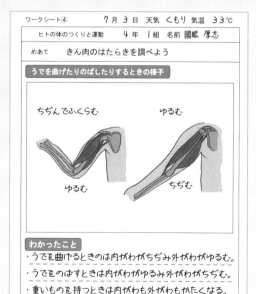

解説とワークシートの解答

第三次 第2時 ワークシート⑤「他の動物の体の仕組み」

目標 ▶ 南の空の星はどのように動くのか調べてみよう。

準備物
- □色鉛筆
- □動物が走る動画

 授業の流れ

①ヒト以外の動物の動くしくみを考える。

↓

②動物の動きを視聴する。

↓

③ヒト以外の動物も骨,筋肉,関節の働きで運動していることがわかる。

 指導のポイント

● ここで言う「動物」とは「ほ乳類」を指します。ウサギに限らず動物の死骸を見ることはまれなので,骨格が存在することのイメージが無いかも知れません。近年は飼育動物が減少しているので犬や猫を飼育している子どもに聞くくらいしかできません。

● 動物の走る動画は簡単にネットで探せます。「競馬場でチーターが全力疾走したら」で検索した動画が短く,スローもあるので途中で止めやすいでしょう。足の動きに加えて背骨の動きで走っているのがよくわかります。

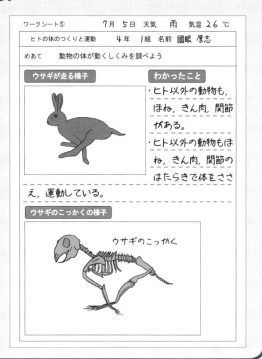

ポイント解説

備品「筋肉のはたらき実験器」の活用

本単元で出てくる唯一の実験が「筋肉のはたらき実験器」を用いた実験です。私は備品を2個購入し,手につけてゴムでできた筋肉の縮みや緩みを体感させています。従前からあるゴムの模型よりもかなり良く,耐久性もありそうです。ただ,これも一度に全員が行うわけにはいきません。全員にさせようとすると1時間が終わってしまいます。

「骨と筋肉の働き実験器」（ウチダ）

風船型「筋肉のはたらき実験器」の製作

そこで,風船型の「筋肉のはたらき実験器」を作ることにしました。本当は歯医者さんが舌を押さえる「舌圧子」がよいのですが,厚紙でもできるのでそれで代用しました。さらに筋肉に見せるため,ミカンネットを風船（小さめのビニル袋）にかぶせますが,これも無かったので油性ペンで筋肉っぽく描いて終わりにしました。

ストローは給食のストローがちょうどよく,これはいくらでもあり

風船型
「筋肉のはたらき実験器」
児童作

ました。「割りピン」は学校にちょうどあり，すぐに作れました。簡単な説明でみんな大喜びで作りました。失敗しても厚紙と袋くらいなら予備もあります。「膨らむ」→「かたくなる」→「縮む」→「肘が曲がる」の関連が製作することで自分のものになったことと思います。ただ，これでは下の筋肉が弛緩するところが再現できません。そこで今度はゴム型の実験器を製作しました。

本来は舌圧子とミカンネットを使います

 ### ゴム型「筋肉のはたらき実験器」の製作

このゴム型の実験機は，本書を共同執筆している高田昌慶氏が開発しました。ミラクルロケットというおもちゃを使って2つの筋肉の様子を再現します。写真のように腕を曲げるときに，上の筋肉は縮み，かたくなります。ぐっと力が保たれている感じがします。下の筋肉は伸びて柔らかく，明らかに緩んでいるようです。この下の筋肉の様子が触ってわかる

ゴム型「筋肉のはたらき実験器」下の筋肉もあり

ことで，風船型よりもずっと学習の効果はありそうです。ただ，備品よりも安いとは言え，児童全員分を作るのは大変です。班に1つか2つあれば，十分子どもたちに体験させてやれることでしょう。詳しい説明は右記URLに掲載されています。(http://proto-ex.com/data/800.html)

 ### 動画「競馬場でチーターが全力疾走したら」

最後は動物が全力で走るシーンです。この「競馬場でチーターが全力疾走したら」という動画はこの通りを打ち込んで検索したら出てきます。私も何気なく，「チーター」「走る」「動画」くらいの検索ですぐに出てきました。ありがたいのは，チーターが走っている最中に動画の中でスローモーションになっていることです。動画全体の長さも2分38秒と短く，見やすいシーンを探しやすいのです（1分

スローで再生してくれているので止めやすい

10秒くらいのところが見やすい）。他にも「走るチーターの姿が美しすぎる」というスローのみの動画もあります。とても見やすく画もきれいなのですが，高画質ゆえか何度も止まるので前者の方が見やすいと思いました（通信環境が良ければ後者がいいです）。チーターが速いのは脚の骨や筋肉のためだけでなく，背骨の動きも大きく関係しているのがこれらの動画でよく分かります。

ワークシート①　　　　月　　日　天気　　　気温　　　℃

| ヒトの体のつくりと運動 | 年　　組　名前 |

めあて　わたしたちの体はどのようなつくりと仕組みで動いているのか調べよう

手はどう動くか

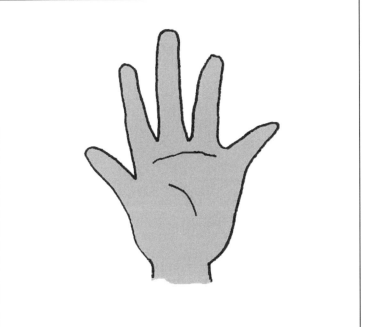

ひじはどう動くか

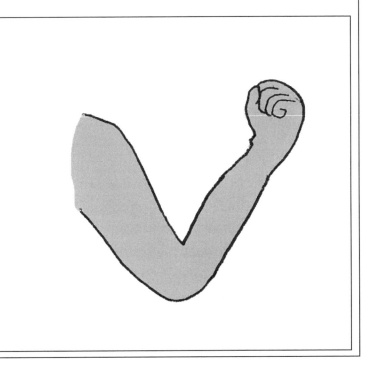

ワークシート② 　　　　　月　　日　天気　　　　気温　　　℃

ヒトの体のつくりと運動　　　　年　　組　名前

めあて　　自分の体の曲げられるところを調べよう

うでの曲げられるところ

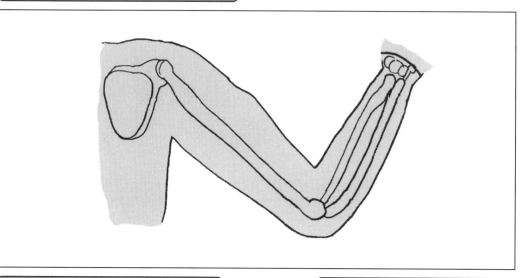

手の曲げられるところ

わかったこと

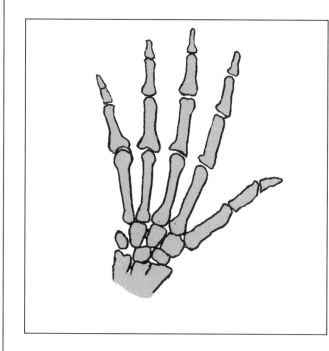

ワークシート③　　　　月　　日　天気　　　　気温　　　℃

ヒトの体のつくりと運動　　　年　　組　名前

めあて　　うでや手以外に曲げられるところを調べよう

関節に〇をつけよう

わかったこと

ワークシート④　　　　　月　　日　天気　　　気温　　　℃

ヒトの体のつくりと運動　　　年　　組　名前

めあて　　きん肉のはたらきを調べよう

うでを曲げたりのばしたりするときの様子

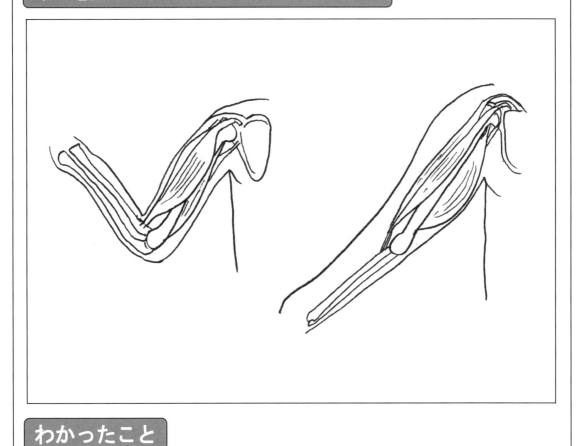

わかったこと

ワークシート⑤   月   日 天気   気温   ℃

ヒトの体のつくりと運動   年   組 名前

めあて　動物の体が動くしくみを調べよう

ウサギが走る様子

わかったこと

ウサギのこっかくの様子

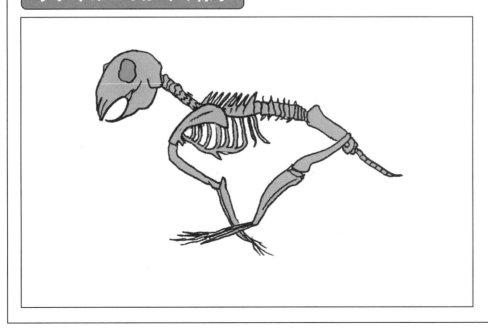

6 電流の働き

電気は目に見えないものですが，電化製品のエネルギーとして，なくてはならないものです。また，原発事故以来，電気の安定供給が当たり前ではなく，電気は節約しながら使うものという意識も浸透しつつあります。3年の「電気の通り道」で学習した電気の性質を元にして，「電流」というエネルギーの力を，豆電球やモーターを使って視覚的に体感していきます。そして，直列・並列というつなぎ方の違いと，パワーや寿命の違いを関係付けて理解させます。

育成する資質・能力

【知識及び技能】

乾電池の数やつなぎ方を変えると，電流の大きさや向きが変わり，豆電球の明るさやモーターの回り方が変わることを理解する。

【思考力，判断力，表現力等】

電流の大きさや向きと乾電池につないだ物の様子を関係付けて追究する中で，電流の働きについて根拠のある予想や仮説を発想し，表現する。

【学びに向かう力，人間性等】

既習の内容や生活経験を基に，根拠のある予想や仮説を発想する力や主体的に問題解決しようとする態度を育成する。

単元の構成　※丸付数字はワークシートの番号

第一次 電流と回路
　第1時　回路と回路図…①
　第2時　検流計の使い方…②

第二次 乾電池のつなぎ方と電流の強さ
　第1時　乾電池2個のつなぎ方と豆電球の明るさ…③
　第2時　直列つなぎと電流の強さ…④
　第3時　並列つなぎと電流の強さ…⑤
　第4時　直列・並列つなぎとモーターの回り方…⑥

解説とワークシートの解答

第一次 第1時 ワークシート① 「回路と回路図」

目標 3年で学んだ回路について復習し，電流の意味と流れる向きを理解して，電気図記号で回路を表すことができる。

準備物
- □豆電球
- □乾電池
- □スイッチ

授業の流れ

①回路の意味と電流の流れる向きを，再確認する。

②電流の意味と電気図記号の意味を知る。

③電池1個で豆電球を光らせ，回路図に表す。

指導のポイント

- 回路＝1つの輪のようになっている電気の通り道。電気は乾電池の＋極から出て一極に戻ってくることを再確認しておきます。特に後者は，しっかり理解できていない子どもが多いのです。
- 導線のビニル剥がしにも時間がかかります。キットを使った方が，手助けし合うことも含めて指導しやすいと思います。
- 豆電球を光らせてから，模式図に表します。そして，その1つ1つを回路図記号に置き換えて，回路図を完成させるようにします。
- M：Motor，A：Ampere として，参考までに教えておきましょう。

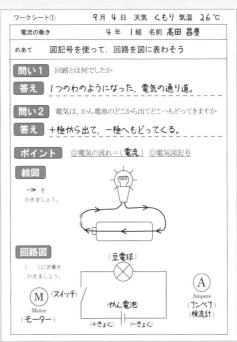

第一次 第2時 ワークシート② 「検流計の使い方」

目標 検流計は，電流の強さと向きを調べることができる機器であることを知り，回路につないで測定することができる。

準備物
- □検流計
- □モーター
- □プロペラ

授業の流れ

①検流計でできることを知る。

②検流計の使い方や注意点を知り，回路につないで測定する。

③乾電池の向きを反対にして，違いを調べる。

指導のポイント

- 検流計は初めて触れる機器なので，みの虫クリップやスイッチについても説明します。
- 検流計は，電流の強さだけでなく，流れる向きも調べられることを強調しておきます。
- 数値の違いが，電流の働きの違いにつながるという，科学的な見方・考え方を育てる場面でもあります。
- 検流計に乾電池だけをつなぐと，強い電流が流れます。検流計から煙が出て回路がこげ，壊れてしまうと，具体的に注意します。
- 乾電池の向きを反対にすると，針が左右反対側に振れることから，電流の向きが反対になったことをつかませます。

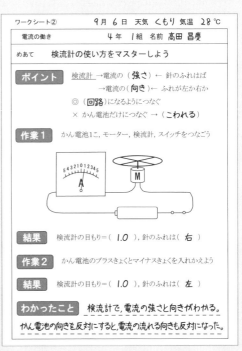

081

6 電流の働き

解説とワークシートの解答

第二次 第1時 ワークシート③「乾電池2個のつなぎ方と豆電球の明るさ」

目標 乾電池2個のつなぎ方を考え、豆電球の明るさが、電池1個のときより明るいつなぎ方、1個のときと同じつなぎ方、光らないつなぎ方に分類できる。

準備物
- □豆電球　□乾電池2個　□導線
- □白紙（ホワイトボード）

授業の流れ

乾電池2個と豆電球のつなぎ方を考えて図に描く。

↓

実際につないでみて、明るさを比較する。

↓

③乾電池1個の時と同じ明るさ、より明るい、光らないの3つに仲間分けする。

指導のポイント

- 乾電池を2個にするとパワーアップするかと問うと、ほとんどの子どもは、そうなると予想します。
- 各自に白紙を与え、乾電池2個のつなぎ方を考えて図に描かせ、班で交流させます。
- つなぎ方を整理してから、実際につないで豆電球を光らせ、明るさを比較させます。
- 乾電池1個のときと比べて、同じ明るさ、より明るい、光らないの3つに仲間分けし、白紙（ホワイトボード）にまとめ直します。
- 黒板に貼って、全体で交流しながら、それぞれの特徴は何かを考えさせます。

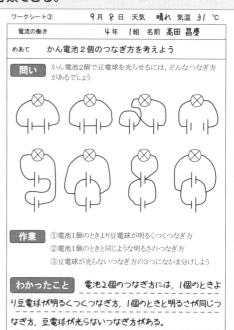

第二次 第2時 ワークシート④「直列つなぎと電流の強さ」

目標 豆電球が明るくつくつなぎ方が直列つなぎであることを知り、回路を作るとともに、検流計で電流の強さや電流の流れる向きを調べることができる。

準備物
- □豆電球　□乾電池2個
- □導線　□検流計

授業の流れ

直列つなぎの特徴やつなぎ方を理解する。

↓

導線を描きたして、直列つなぎを完成させる。

↓

③回路に検流計をつないで電流の強さを測り、分かったことをまとめる。

指導のポイント

- 豆電球が明るくつくつなぎ方が「直列つなぎ」だと知らせます。
- つなぎ方の覚え歌2種を、回路をたどりながらリズムよく唱えて覚えさせます。
- つなぎ方は1つではないことを押さえ、導線を描いて回路を完成させます。
- 検流計で電流の強さを測り、数値の大きさと豆電球の明るさを関連づけ、直列つなぎの特徴を理解させます。
- 電池の向きを反対にすると、電流の向きが反対になることを、確認させます。
- 電池1個を外すと豆電球が光らないことも、確認させます。

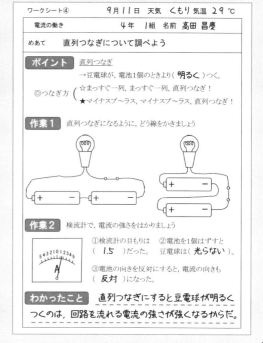

解説とワークシートの解答

第二次 第3時 ワークシート⑤ 「並列つなぎと電流の強さ」

目標 豆電球の明るさが電池1個のときと同じつなぎ方が並列つなぎであることを知り、回路を作り、検流計で電流の強さや流れる向きを調べることができる。

準備物
- □豆電球　□乾電池2個
- □導線　□検流計

授業の流れ

並列つなぎの特徴やつなぎ方を理解する。

導線を描きたして、並列つなぎを完成させる。

③回路に検流計をつないで電流の強さを測り、分かったことをまとめる。

指導のポイント

- 前時に仲間分けした中で、豆電球の明るさが電池1個のときと同じつなぎ方が「並列つなぎ」であると知らせます。
- つなぎ方の覚え歌2種を、回路をたどりながらリズムよく唱えて覚えさせます。
- つなぎ方は1つではないことを押さえ、導線を描いて回路を完成させます。
- 検流計をつないで電流の強さを測ります。数値の大きさと豆電球の明るさとを関連づけて、並列つなぎの特徴を理解させます。
- 電池1個を外しても豆電球が光ることも、確認させます。

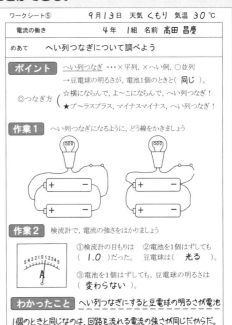

ワークシート⑤　9月13日　天気 くもり　気温 30℃
電流の働き　4年 1組　名前 高田 昌慶
めあて　へい列つなぎについて調べよう

ポイント　へい列つなぎ　…×平列, ×へい例, ○並列
→豆電球の明るさが、電池1個のときと（同じ）。
◎つなぎ方
☆横にならんで、よーこにならんで、へい列つなぎ！
★プ～ラスプラス, マイナスマイナス, へい列つなぎ！

作業1　へい列つなぎになるように、どう線をかきましょう

作業2　検流計で、電流の強さをはかりましょう
① 検流計の目もりは（1.0）だった。
② 電池を1個はずしても豆電球は（光る）。
③ 電池を1個はずしても、豆電球の明るさは（変わらない）。

わかったこと　へい列つなぎにすると豆電球の明るさが電池1個のときと同じなのは、回路を流れる電流の強さが同じだからだ。

第二次 第4時 ワークシート⑥ 「直列・並列つなぎとモーターの回り方」

目標 直列つなぎの車、並列つなぎの車、乾電池1個の車の走る速さの違いから、電流の強さと働きの関係について理解することができる。

準備物
- □直列カー　□並列カー
- □電池1個カー

授業の流れ

直列・並列・電池1個カーの走る速さの違いを予想する。

直列・並列・電池1個カーの走る速さの違いを確かめる。

③直列・並列・電池1個カーの速さの違いと、電流の強さとの関連を理解する。

指導のポイント

- 直列つなぎカーでは、強い電流が流れるので車は速く走る、並列カーは、電池1個と同じ強さの電流が流れるので、走る速さは同じぐらいだと予想できるでしょう。
- 分かりきっていても、実際に走らせてみて、違いを比較することが大切です。
- 直列カーの速さはダントツです。しかし、並列カーは電池が2個なので重くなり、1個カーより遅くなるかと思われますが、意外に違いが出るかもしれません。
- やってみないと分からないなと、感じさせることができれば、今後の探求活動に繋がります。

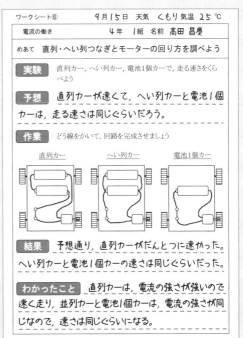

ワークシート⑥　9月15日　天気 くもり　気温 25℃
電流の働き　4年 1組　名前 高田 昌慶
めあて　直列・へい列つなぎとモーターの回り方を調べよう

実験　直列カー、へい列カー、電池1個カーで、走る速さをくらべよう

予想　直列カーが速くて、へい列カーと電池1個カーは、走る速さは同じぐらいだろう。

作業　どう線をかいて、回路を完成させましょう
直列カー　　へい列カー　　電池1個カー

結果　予想通り、直列カーがだんとつに速かった。へい列カーと電池1個カーの速さは同じぐらいだった。

わかったこと　直列カーは、電流の強さが強いので速く走り、並列カーと電池1個カーは、電流の強さが同じなので、速さは同じぐらいになる。

6 電流の働き

ポイント解説

指導のアイデアとコツ

発光ダイオード

　発光ダイオード＝LEDですが，子ども達はピンと来ていません。そこで，Light Emitting Diode を示し，「頭文字を取ってLEDなんだよ」と教えるようにしています。

　ネットなら，安価で高輝度LEDを購入できます。赤・青・緑・白はどれも透明で，見分けがつきません。100円ショップの3Vコイン電池を，LEDの足で挟むと光ります。長い足の方をマイナス極につけると光りません。豆電球と違い，電流の流れが一方通行であることがよく分かると思います。

　写真では，ダブルクリップで，LEDの足とコイン電池を挟んでいるように見えます。しかし，そうするだけでは，金属のダブルクリップの方へ電流が流れてLEDは光りません。薄いプラスチックフィルムで覆って絶縁した上から，クリップで挟むようにしてください。

　青色LEDの発明は，ノーベル物理学賞が与えられるほど価値あるものだということ，そして，青色LEDなくしては，現在普及している白色LED電球はありえなかったことも教えておきたいものです。

33円電池

　ボルタの電池は，その昔，イタリアの物理学者ボルタが作った電池です。材料は，銅板・亜鉛板・硫酸です。身近な材料を使って，同じ仕組みの電池を作ります。

　10円玉の材質は青銅で，1円玉の材質はアルミニウムです。10円玉がプラス極，1円玉がマイナス極になります。飽和食塩水を染み込ませたろ紙を挟むと，起電力約0.5Vぐらいの電池になります。これを直列に3個つなぐと，電子オルゴールを鳴らすことができるぐらいの起電力が発生します。これは最小単位なので，弱い場合はセット数を増やします。

　作り方の説明です。10円・ろ紙・1円で1個の電池になります。ろ紙は，小さな1円玉より一回り大きく，大きな10円玉より一回り小さく作ってください。ろ紙が大きすぎて隣のろ紙に触れたり，飽和食塩水が多すぎてにじみ出したりしないようにします。挟む前に，ろ紙をティッシュで軽く押さえ，余分な食塩水を吸い取っておきます。

　電子オルゴールにつないで，電流が流れていることを確かめましょう。電子オルゴールには極性があります。赤い導線を10円玉（＋極）に，黒い導線を1円玉（－極）につなぐようにしないと鳴らないので気をつけてください。

　「33円電池を作ろう」（http://proto-ex.com/data/11.html）

活性炭電池

　活性炭電池は長持ちしませんが，意外に速くモーターが回るので，子ども達の知的好奇心を

刺激するでしょう。

　準備物は，アルミニウム箔2枚（キッチンペーパーより大きい1枚，キッチンペーパーより小さい1枚），キッチンペーパー1枚，観賞魚用活性炭，モーター（プロペラ）セット，飽和食塩水です。

　アルミニウム箔（大）の上にキッチンペーパーを敷き，飽和食塩水をたっぷり含ませます。その上に，活性炭を密に撒き広げます。その上にアルミニウム箔（小）を乗せます。アルミニウム箔（大と小）を，モーターにつながる導線でつないで準備完了。

　手のひらで上から強く押さえつけると，モーター（プロペラ）が勢いよく回ります。力を緩めると，回り方が弱くなります。

　しばらくモーターを回した後で，子どもたちにアルミニウム箔の様子を見せます。小さな穴だらけになっています。これは，化学反応でアルミニウムが変化した証拠です。乾電池の中でも似たような化学変化が起こって材料がどんどん消費されていくので，やがて電気が流れなくなることと関連づけて説明することができます。

　「活性炭リサイクル電池」（http://proto-ex.com/data/90.html）

果物（グレープフルーツ）電池

　準備物は，大きめのグレープフルーツ。亜鉛メッキを施したコンクリート用釘（38mm），台にするスポンジゴム，銅線（0.9mm，10cm），LEDです。

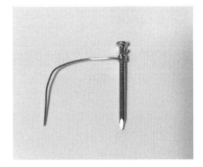

　この電池では，果汁が電解質になります。マイナス極は亜鉛メッキのコンクリート用釘で，プラス極は導線も兼ねた銅線です。

　グレープフルーツの房同士が触れないようにして，スポンジゴムの下から立てた爪楊枝で固定します。釘に銅線を巻きつけたセットを必要数作ります。それをグレープフルーツのピースに，互い違いに突き刺していきます。銅線が，隣の釘に触れないようにします。回路の両端に導線をつないでセット完了です。

　銅線側の導線をLEDの短い足に，釘側の導線を長い足につなげば光ります。つまり，2～3Vほどの起電力が発生したことになります。こんなもので電池ができることは，子どもたちの創造性を高めることになるのではないでしょうか。

　「グレープフルーツ電池でLEDを光らせよう」（http://proto-ex.com/data/855.html）

　その他の果物電池は，こちらを参照してください。（http://proto-ex.com/data/98.html）

ワークシート①	月　日　天気　　　気温　　　℃
電流の働き	年　　組　名前

めあて　図記号を使って，回路を図に表わそう

問い1　回路とは何でしたか

答え　_____

問い2　電気は，かん電池のどこから出てどこへもどってきますか

答え　_____

ポイント　◎電気の流れ＝（　　　　）　◎電気図記号

絵図　→　を
かきましょう。

回路図　（　　　）に言葉を
かきましょう。

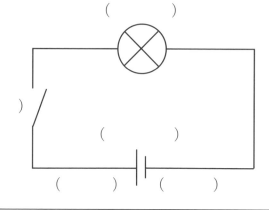

ワークシート②　　　　月　　日　天気　　　　気温　　　℃

電流の働き　　　　　　年　　組　名前

めあて　検流計の使い方をマスターしよう

ポイント

検流計　→電流の（　　　）← 針のふれはば
　　　　→電流の（　　　）← ふれが左か右か
◎（　　　）になるようにつなぐ
× かん電池だけにつなぐ → （　　　　）

作業1　かん電池1こ, モーター, 検流計, スイッチをつなごう

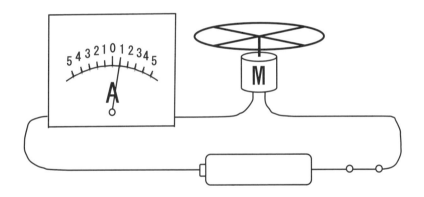

結果　検流計の目もり＝（　　　）, 針のふれは（　　　）

作業2　かん電池のプラスきょくとマイナスきょくを入れかえよう

結果　検流計の目もり＝（　　　）, 針のふれは（　　　）

わかったこと

ワークシート③	月　　日　天気　　　　気温　　　℃

電流の働き	年　　組　名前

めあて	かん電池2個のつなぎ方を考えよう

問い　かん電池2個で豆電球を光らせるには，どんなつなぎ方があるでしょう

作業
①電池1個のときより豆電球が明るくつくつなぎ方
②電池1個のときと同じような明るさのつなぎ方
③豆電球が光らないつなぎ方の3つになかま分けしよう

わかったこと

ワークシート④　　　　　月　　日　天気　　　　気温　　　℃

電流の働き　　　　　　　年　　組　名前

| めあて | 直列つなぎについて調べよう |

ポイント

<u>直列つなぎ</u>
→豆電球が、電池1個のときより（　　　　）つく。

◎つなぎ方（　☆まっすぐ一列，まっすぐ一列，直列つなぎ！
　　　　　　★マイナスプ～ラス，マイナスプ～ラス，直列つなぎ！

作業1

直列つなぎになるように，どう線をかきましょう

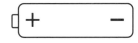

作業2

検流計で，電流の強さをはかりましょう

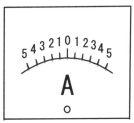

①検流計の目もりは　　②電池を1個はずすと
（　　　　）だった。　　豆電球は（　　　　　）。

③電池の向きを反対にすると，電流の向きも
（　　　　）になった。

わかったこと

_ _

_ _

ワークシート⑤	月　日　天気　　　気温　　　℃

電流の働き	年　　組　名前

めあて	へい列つなぎについて調べよう

ポイント

へい列つなぎ　・・・×平列, ×へい例, ○並列
　→豆電球の明るさが, 電池1個のときと(　　　　)。

◎つなぎ方　(☆横にならんで, よ〜こにならんで, へい列つなぎ！
　　　　　　★プ〜ラスプラス, マイナスマイナス, へい列つなぎ！

作業1　へい列つなぎになるように, どう線をかきましょう

作業2　検流計で, 電流の強さをはかりましょう

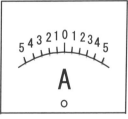

①検流計の目もりは　　②電池を1個はずしても
(　　　　　)だった。　豆電球は(　　　　　　)。

③電池を1個はずしても, 豆電球の明るさは
(　　　　　　　)。

わかったこと
_ _

_ _

ワークシート⑥　　　　　　月　　日　天気　　　　気温　　　℃

電流の働き　　　　　　年　　組　名前

めあて　直列・へい列つなぎとモーターの回り方を調べよう

実験　直列カー，へい列カー，電池1個カーで，走る速さをくらべよう

予想

作業　どう線をかいて，回路を完成させましょう

直列カー　　　　　へい列カー　　　　電池1個カー

結果

わかったこと

7 とじこめた空気と水

空気も水も，当たり前のように身の回りにあるものです。しかし，空気は目に見えないため，存在を意識している子どもは少ないようです。動けば風になり，水中では泡になり，閉じ込めれば弾性が生まれます。このような空気の性質を，水と対比させながら，楽しく解き明かします。まず，ペットボトルで空気の存在を確かめます。次に，お待ちかねの空気鉄砲。しかし，簡単には飛ばさせません。この試行錯誤が，空気の性質調べを遊びから科学的検証につなげてくれます。水の性質も，空気の性質と関連付けて理解させます。

育成する資質・能力

【知識及び技能】

閉じ込めた空気を圧すと，体積は小さくなるが，圧し返す力は大きくなること，閉じ込めた空気は圧し縮められるが，水は圧し縮められないことを理解する。

【思考力，判断力，表現力等】

空気と水の体積や圧し返す力の変化と圧す力を関係付けて追究する中で，空気や水の性質について根拠のある予想や仮説を発想し，表現する。

【学びに向かう力，人間性等】

既習の内容や生活経験を基に，根拠のある予想や仮説を発想する力や主体的に問題解決しようとする態度を育成する。

単元の構成　※丸付数字はワークシートの番号

第一次　空気の存在
　第1時　見えない空気を見つける…①

第二次　閉じ込めた空気の性質
　第1時　袋やボールの中の空気…②
　第2時　空気鉄砲を飛ばす1…③
　第3時　空気鉄砲を飛ばす2…④
　第4時　筒の中の空気の性質…⑤

第三次　閉じ込めた水の性質
　第1時　筒の中の水の性質…⑥
　第2時　筒の中の空気と水の性質…⑦

第四次　空気と水の性質とおもちゃ
　第1時　空気砲，水鉄砲，水ロケットの仕組み…⑧

解説とワークシートの解答

第一次 第1時 ワークシート① 「見えない空気を見つける」

目標 ペットボトルの口にセットした風船を中で膨らませることができないことから，中には空気がいっぱい入っていることを再確認する。

準備物
- □ 六角ペットボトル
- □ 風船
- □ セロハンテープ

授業の流れ

① ペットボトルの口に風船を被せ，息を吹き込む。
↓
② 風船を中で膨らませることができないのはなぜか考える。
↓
③ 風船が中で膨らむ先生のマジックを見て，その種を考える。

指導のポイント

- ペットボトルの口に風船を被せます。この風船を中で膨らますことができるかな？子ども達の挑戦意欲を掻き立てます。
- 大きく膨らませることができないことから，見えない空気の存在を嫌が上でも認めざるを得ないでしょう。
- ペットボトルの底から少し上に，小さな穴を開け，セロハンテープを貼ります。これがマジックの種。テープを少し剥がして息を吹き込めば，膨らまなかった風船が膨らむので，子ども驚愕！
- 種明かしで，見えない空気が出ないと入らないという事実が，当たり前になります。

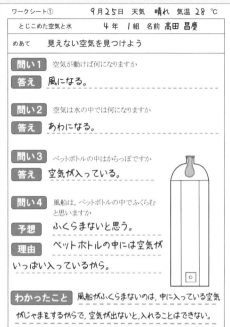

ワークシート①　9月25日　天気 晴れ　気温 28℃
とじこめた空気と水　4年 1組　名前 高田 昌慶
めあて　見えない空気を見つけよう

- 問い1　空気が動けば何になりますか
- 答え　風になる。
- 問い2　空気は水の中では何になりますか
- 答え　あわになる。
- 問い3　ペットボトルの中はからっぽですか
- 答え　空気が入っている。
- 問い4　風船は，ペットボトルの中でふくらむと思いますか
- 予想　ふくらまないと思う。
- 理由　ペットボトルの中には空気がいっぱい入っているから。
- わかったこと　風船がふくらまないのは，中に入っている空気がじゃまをするからで，空気が出ないと，入れることはできない。

第二次 第1時 ワークシート② 「袋やボールの中の空気」

目標 空気で膨らませたポリエチレン袋やゴムボールが弾むのは，中に閉じ込められている空気に弾性があるからであると理解できる。

準備物
- □ 90L ポリエチレン袋（高密度）
- □ ドッジボール　□ 空気ポンプ
- □ ブロア（あれば）

授業の流れ

① 大きなポリエチレン袋一杯に空気を閉じ込めて，圧したり投げたりする。
↓
② ゴムボールに入れる空気の量を変えて，弾み方の違いを調べる。
↓
③ 中に入れる空気の体積と，体で感じる重さや弾性についてまとめる。

指導のポイント

- 圧したり投げたりする活動に耐えられる，できるだけ厚めの袋を準備してください。
- 袋をパンパンにするために，ブロアを使います。強烈な風を感じさせることもできます。扇風機でもOK。
- 空気をできるだけ多く入れたら，口を絞って捻り，折り返します。太い輪ゴムでしっかり縛ります。さらに，袋の2つの隅を折り返してテープで留めます。
- 空気を大きな袋に閉じ込めると，重さを感じることができます。
- 背中にぶつけると，前に倒れる程の衝撃があり，空気の存在を感動的に感じられます。

ワークシート②　9月27日　天気 くもり　気温 26℃
とじこめた空気と水　4年 1組　名前 高田 昌慶
めあて　空気を大きなふくろやボールにつめこもう

- 問い1　大きなポリエチレン袋に空気を一杯にとじこめて，立っている人の背中にぶつけるとどうなるでしょう
- 予想　ボワンと，はね返ると思う。
- 結果　前にたおれるぐらいのしょうげきがあった。
- 問い2　ドッジボールがよくはずむのは，どんなときでしょう
- 予想　空気をパンパンに入れたときだと思う。
- 結果　空気がいっぱい入っていると，よくはずんだ。
- わかったこと　空気には重さがある。空気をとじこめた袋やボールをおすと，おし返される。空気をたくさん入れると，手ごたえが大きくなる。

7　とじこめた空気と水

第二次 第2時 ワークシート③「空気鉄砲を飛ばす1」

目標 トイレットペーパーで作った玉を遠くまで飛ばすための試行錯誤を通して，よく飛ぶ玉の条件を見つけ出すことができる。

準備物
- □筒（ゴム付き）　□押し棒
- □トイレットペーパー（50cm, 1m）

授業の流れ

①50cmのトイレットペーパーを玉にして，遠くまで飛ぶように工夫する。

②水で濡らす，押し棒で押し固めるなど，有効な手立てを共有する。

↓
③1mのトイレットペーパーでよく飛ぶ玉を作り，必要な条件が何かを見い出す。

指導のポイント

- トイレットペーパーを使えば，水を含ませて押し固めると，隙間がなく程よい摩擦をもつ玉ができます。
- 50cmのペーパーを丸めて詰めても飛びません。ここで，軽すぎること，隙間が多いことに気づかせます。
- 水で濡らして押し固めるなどの有効な方法は，すぐ全体に教えるよう指示しておきます。
- 頃合いを見計らって，先生が1m玉を飛ばして見せます。
- ある程度重く，ある程度きつく，隙間がない玉がよく飛ぶことを見つけ出させることがねらいです。

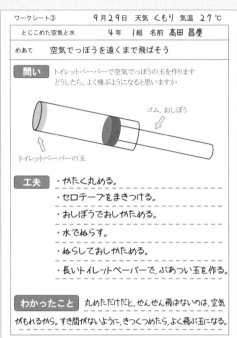

第二次 第3時 ワークシート④「空気鉄砲を飛ばす2」

目標 教材セットの玉を飛ばす活動の中から，何の力で玉が飛ぶのかを理解することができる。

準備物
- □教材セット
- □スマホ（カメラスタンド）
- □鉄製スタンド

授業の流れ

①教材セットの玉2つを前玉・後玉として使って，玉を飛ばす。

↓
②何の力で玉が飛ぶのか考える。

↓

③玉が飛ぶとき，筒の中の空気がどうなっているか考える。

指導のポイント

- 人に向けて飛ばさないなど，約束ごとを守らせながら，空気鉄砲の面白さを十分に味わわせます。
- 袋やボールに閉じ込めた空気には弾性があることを掴んでいます。しかし，玉が飛ぶことと弾性とは，まだつながっていないでしょう。
- 空気がどこまで押し縮められて玉が飛ぶのか，スマホでスロー動画を撮ります。押し縮められた空気が前玉を押して玉が飛ぶことを確かめさせます。
- 前玉が飛ばないよう手で押さえながら，押し棒を押さえさせ，おし返してくる力に気づかせます。

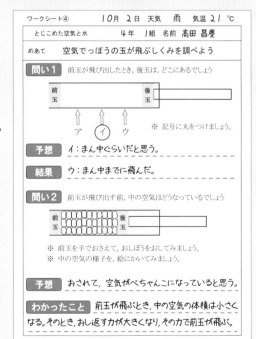

| 解説とワークシートの解答 |

第二次 第4時 ワークシート⑤ 「筒の中の空気の性質」

目標 目盛りのある注射器を使って、閉じ込められた空気が、押し縮められるとどうなるか、見て感じて理解することができる。

準備物
- □注射器
- □ゴム板
- □スポンジ

授業の流れ

①注射器に空気を閉じ込めてピストンを押し、体積や手ごたえの変化を調べる。
↓
②押していた手の力を抜くとどうなるか調べる。
↓
③注射器の中に、空気の入ったスポンジを入れて押すとどうなるか調べる。

指導のポイント

- 前時に、筒の中の空気が押されて縮み、体積が小さくなること、押し返す力が生まれ、前玉を押していることを体感しました。
- 本時は、押し縮めても体積が元に戻ることを、注射器の目盛りで確認させます。
- 最初の1回では元の位置に戻りません。2回目以降で位置の確認をさせるようにしてください。
- 強く押せば押し返す力（元の体積に戻ろうとする力）が強くなり、その力が前玉を飛ばすことを確認します。
- スポンジはポリウレタンが適しています。代わりに、水風船やマシュマロでも楽しく実験できます。

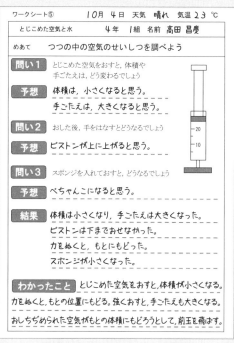

ワークシート⑤　10月4日　天気 晴れ　気温 23℃
とじこめた空気と水　4年 1組　名前 髙田 昌慶
めあて　つつの中の空気のせいしつを調べよう

問い1 とじこめた空気をおすと、体積や手ごたえは、どう変わるでしょう
予想 体積は、小さくなると思う。
手ごたえは、大きくなると思う。
問い2 おした後、手をはなすとどうなるでしょう
予想 ピストンが上に上がると思う。
問い3 スポンジを入れておすと、どうなるでしょう
予想 ぺちゃんこになると思う。
結果 体積は小さくなり、手ごたえは大きくなった。
ピストンは下までおせなかった。
力をぬくと、もとにもどった。
スポンジが小さくなった。
わかったこと とじこめた空気をおすと、体積が小さくなる。
力をぬくと、もとの位置にもどる。強くおすと、手ごたえも大きくなる。
おしちぢめられた空気がもとの体積にもどろうとして、前玉を飛ばす。

第三次 第1時 ワークシート⑥ 「筒の中の水の性質」

目標 注射器を使って、閉じ込められた水が、押し縮められるとどうなるか、空気の場合と関連づけながら、見て感じて理解することができる。

準備物
- □注射器
- □ゴム板
- □スポンジ（クリップ付き）

授業の流れ

①注射器に水を閉じ込めてピストンを押し、体積や手ごたえの変化を調べる。
↓
②押していた手の力を抜くとどうなるか調べる。
↓
③注射器の中に、クリップ付きスポンジを入れて押すとどうなるか調べる。

指導のポイント

- 前時に確認した空気の性質と同じように、水も押し縮められるかと問うと、少しは体積が小さくなるという意見が多いでしょう。
- それだけに、水を押してもビクともしない事実に、子どもは驚きます。すぐには信じられず、力を入れすぎて注射器の先を破損する怖れがあるので注意してください。
- 「1mmも押し縮められない」と、イメージを刷り込みます。
- 泡が入らないよう、逆さに向けて、少し水を噴き出させます。「お注射します」と、注射する際の空気抜きに触れるようにしています。

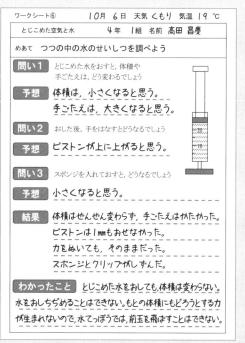

ワークシート⑥　10月6日　天気 くもり　気温 19℃
とじこめた空気と水　4年 1組　名前 髙田 昌慶
めあて　つつの中の水のせいしつを調べよう

問い1 とじこめた水をおすと、体積や手ごたえは、どう変わるでしょう
予想 体積は、小さくなると思う。
手ごたえは、大きくなると思う。
問い2 おした後、手をはなすとどうなるでしょう
予想 ピストンが上に上がると思う。
問い3 スポンジを入れておすと、どうなるでしょう
予想 小さくなると思う。
結果 体積はぜんぜん変わらず、手ごたえはかたかった。
ピストンは1mmもおせなかった。
力をぬいても、そのままだった。
スポンジとクリップがしずんだ。
わかったこと とじこめた水をおしても、体積は変わらない。
水をおしちぢめることはできない。もとの体積にもどろうとする力が生まれないので、水てっぽうでは、前玉を飛ばすことはできない。

7 とじこめた空気と水

第三次 第2時 ワークシート⑦「筒の中の空気と水の性質」

目標 注射器を使って，閉じ込められた空気と水が，押し縮められるとどうなるか，既習内容と関連づけながら，見て感じて理解することができる。

準備物
- □注射器
- □ゴム板

授業の流れ

注射器に空気と水を閉じ込めて押し縮め，体積や手ごたえの変化を調べる。

↓

押していた手の力を抜くとどうなるか調べる。

↓

③閉じ込められた空気と水が押し縮められたときの振る舞いを対比してまとめる。

指導のポイント

- 注射器に水を半分以上吸い込みます。逆さ向けて10mlまで，余分な水を出します。ピストンを引いて，10mlまで空気を入れます。
- 空気と水の半々の場合，押し縮めるとどうなるか問います。
- それぞれの性質は既習ですが，意外に，空気だけが縮むという意見は少ないようです。
- 押した人は変化を見難いので，2人一組にします。1人が押して，もう1人が横から変化を確認するようにさせると確実です。
- 押し縮められる様子だけでなく，力を抜くと，元の位置に戻る，空気が元の体積に戻ることも確認させます。

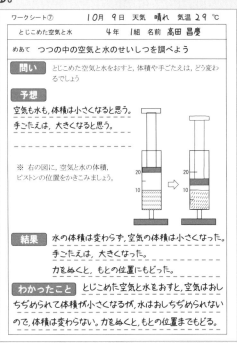

第四次 第1時 ワークシート⑧「水鉄砲，空気砲，水ロケットの仕組み」

目標 空気や水の性質を利用した科学おもちゃについて，飛んだり飛び出したりする仕組みを説明することができる。

準備物
- □水鉄砲
- □空気砲セット
- □水ロケットセット

授業の流れ

水鉄砲で，水が勢いよく飛び出す仕組みを考える。

↓

空気砲で，煙の輪が飛び出す仕組みを考える。

↓

③水ロケットが空高く飛び上がる仕組みを考える。

指導のポイント

- 空気や水の性質を利用した科学おもちゃで遊びながら，その仕組みを考え，発表させ合います。
- 水鉄砲は，教材セットを使います。水撒きの時，ホースの先を摘んだ経験がヒントになります。
- 空気砲は，ダンボール箱に丸い穴を開け，蚊取り線香の煙などを充填します。スモークマシンがあればベストです。
- 水ロケットは，7号ゴム栓と空気針で発射器具を作ります。運動場に出て，屋上よりも高く打ち上げて楽しませましょう。
- 詳しくは，次ページを参照してください。

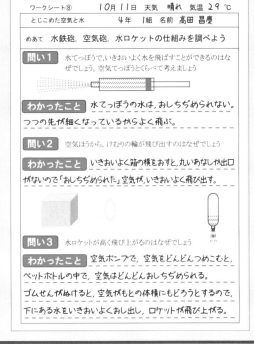

ポイント解説

指導のアイデアとコツ

大きな空気入りポリエチレン袋

ワークシート②で使う大きな袋を空気でパンパンに膨らませるコツです。まず，ブロアーか扇風機で，できるだけたくさん空気を入れます。口を絞って捻り，折り返して太い輪ゴムで縛ります。次に，口と反対側の2つの隅にセロハンテープを貼り，引っ張ってからとめます。こうすると，袋がパンパンになります。こうしないと，体感が弱まります。詳しくは以下を参照してください。
(http://proto-ex.com/data/502.html)

空気には重さがある

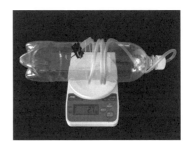

上記の袋と空気が入っていない袋を持ち比べるだけで，空気に重さがあることは分かります。炭酸系のペットボトルのキャップに，ドリルで5mmの穴を開けます。そこに，観賞魚用ソフトチューブ（先を斜めにカット）を引っ張り込みます。これは「引きばめ」と言って，すき間ができず，ボンド等で固定する必要もありません。空気ポンプ（先細ノズル）で空気を10回押し込みます。パイプの端を折ってダブルクリップで固定します。それらを電子天秤に載せて，空気を押し込む前と重さ比べをします。画像では2.7g増を示し，重くなったことが明らかです。以下の「ゴムピタ君で持ち上げよう」でも，空気の重さを体感することができます。
(http://proto-ex.com/data/588.html)

しぼない風船と，手が入らない空気手袋

真ん中は，ペットボトルの中で風船を膨らませたあと，空気の出入り穴を小さなセロハンテープで塞いで見せるマジックです。左右は，手を入れることができないゴム手袋です。手袋の中の空気が出ないと手が入りません。子どもの小さな手なら簡単ですが，大人の手では，途中で空気の出口が太い指で塞がれ，それ以上入れることができません。もどかしさが不思議につながります。

その他の空気と水の実験

「科学実験・原体験データベース」(http://proto-ex.com)には，様々な実験・観察がアップされています。例えば，以下のようなデータがありますので，参考にしてください。

- 息を吹き込むと水が飛び出す「ペットボトルの噴水」(http://proto-ex.com/data/213.html)
- 空気の体積が変化する「試験管で浮沈子を作ろう」(http://proto-ex.com/data/155.html)
- 丸い煙の輪が飛び出す「空気砲で遊ぼう」(http://proto-ex.com/data/48.html)
- 屋上よりも高く飛び上がる「水ロケットを飛ばして遊ぼう」(http://proto-ex.com/data/19.html)

ワークシート①	月　　日 天気　　　　気温　　　℃
とじこめた空気と水	年　　組　名前

めあて 見えない空気を見つけよう

問い1 空気が動けば何になりますか
答え _____

問い2 空気は水の中では何になりますか
答え _____

問い3 ペットボトルの中はからっぽですか
答え _____

問い4 風船は，ペットボトルの中でふくらむと思いますか

予想 _____

理由 _____
_____

わかったこと _____
_____

ワークシート②	月　日　天気　　　気温　　℃
とじこめた空気と水	年　組　名前
めあて	空気を大きなふくろやボールにつめこもう

問い1　大きなポリエチレン袋に空気を一杯にとじこめて，立っている人の背中にぶつけるとどうなるでしょう

予想 _____

結果 _____

問い2　ドッジボールがよくはずむのは，どんなときでしょう

予想 _____

結果 _____

わかったこと
_____
_____
_____

ワークシート③	月　　日　天気　　　　気温　　　℃
とじこめた空気と水	年　　組　名前

めあて　空気でっぽうを遠くまで飛ばそう

問い　トイレットペーパーで空気でっぽうの玉を作ります
どうしたら，よく飛ぶようになると思いますか

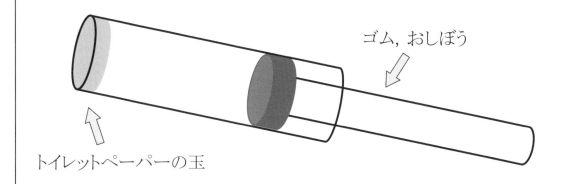

ゴム，おしぼう

トイレットペーパーの玉

工夫

わかったこと

ワークシート④　　　　月　　日　天気　　　　気温　　　℃

とじこめた空気と水　　　　年　　組　名前

めあて　空気でっぽうの玉が飛ぶしくみを調べよう

問い1　前玉が飛び出したとき，後玉は，どこにあるでしょう

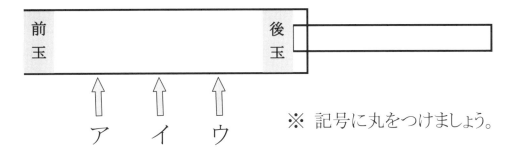

※ 記号に丸をつけましょう。

予想　-----------------------

結果　-----------------------

問い2　前玉が飛び出す前，中の空気はどうなっているでしょう

※ 前玉を手でおさえて，おしぼうをおしてみましょう。
※ 中の空気の様子を，絵にかいてみましょう。

予想　-----------------------

わかったこと　-----------------------

| ワークシート⑤ | 月　日　天気　　　気温　　　℃ |

とじこめた空気と水　　　年　組　名前

めあて　つつの中の空気のせいしつを調べよう

問い1　とじこめた空気をおすと，体積や手ごたえは，どう変わるでしょう

予想

問い2　おした後，手をはなすとどうなるでしょう

予想

問い3　スポンジを入れておすと，どうなるでしょう

予想

結果

わかったこと

ワークシート⑥　　　月　日　天気　　　気温　　℃

とじこめた空気と水　　　　年　組　名前

めあて　つつの中の水のせいしつを調べよう

問い1　とじこめた水をおすと，体積や手ごたえは，どう変わるでしょう

予想　_____

_____

問い2　おした後，手をはなすとどうなるでしょう

予想　_____

問い3　スポンジを入れておすと，どうなるでしょう

予想　_____

結果　_____

_____

_____

_____

わかったこと　_____

_____

_____

ワークシート⑦	月　日　天気　　　気温　　　℃
とじこめた空気と水	年　組　名前

めあて　つつの中の空気と水のせいしつを調べよう

問い　とじこめた空気と水をおすと、体積や手ごたえは、どう変わるでしょう

予想

※　右の図に、空気と水の体積、ピストンの位置をかきこみましょう。

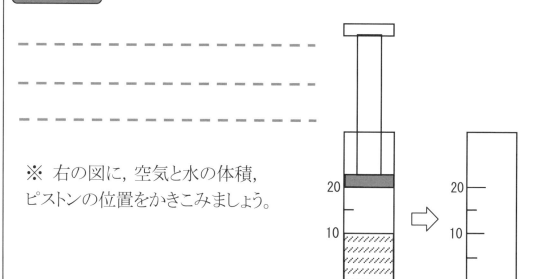

結果

わかったこと

ワークシート⑧	月　日　天気　　　気温　　℃
とじこめた空気と水	年　組　名前

めあて　水鉄砲，空気砲，水ロケットの仕組みを調べよう

問い1　水てっぽうで，いきおいよく水を飛ばすことができるのはなぜでしょう。空気てっぽうとくらべて考えましょう

わかったこと _____

_____

問い2　空気ほうから，けむりの輪が飛び出すのはなぜでしょう

わかったこと _____

_____

問い3　水ロケットが高く飛び上がるのはなぜでしょう

わかったこと _____

_____

_____

_____

8 物の体積と温度

空気を温めるとふくらみます。では，水を温めるとどうなるでしょうか？ さらに金属の場合は？ 温度による体積変化は普段の生活ではほとんど意識することがない現象であり，そのことについて調べたり考えたりした経験をもつ子はまれでしょう。それだけに温度によって物が大きくなったり小さくなったりする実験は目からウロコの驚きの連続です。4年生では，この「温度と体積の変化」に加え「水の三態変化」，「温まり方の違い」を学ぶことで粒子のもつエネルギーの基本的な性質が分かるようになります。これが中学校第1分野の「状態変化」の学習へとつながっていきます。

育成する資質・能力

【知識及び技能】

金属，水及び空気は温めたり冷やしたりすると体積が変わるが，その程度に違いがあることを理解する。

【思考力，判断力，表現力等】

金属，水及び空気の温度と体積の変化を関係付け追究する中で，根拠のある予想や仮説を発想し，表現する。

【学びに向かう力，人間性等】

主に既習の内容や生活経験を基に，根拠のある予想や仮説を発想する力や主体的に問題解決しようとする態度を育成する。

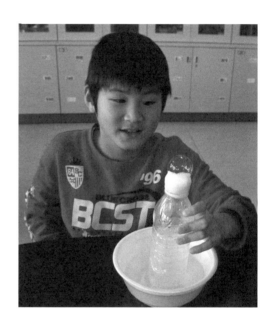

単元の構成 ※丸付数字はワークシートの番号

第一次 空気の体積と温度
- 第1時 空気を温めるとどうなるか…①
- 第2時 空気を冷やすとどうなるか…②
- 第3時 空気の体積が変わるのはなぜか…③

第二次 水の体積と温度
- 第1時 水を温めると体積は変わるか…④

第三次 金属の体積と温度
- 第1時 金属を温めると体積は変わるか…⑤

第四次 物の体積と温度
- 第1時 物の体積と温度をまとめる…⑥

解説とワークシートの解答

第一次 第1時 ワークシート① 「空気を温めるとどうなるか」

目標 フラスコをあたためると栓が飛ぶ現象を観察し，空気をあたためると体積が増えることを実験により確かめる。

準備物
- □フラスコ，　□試験管
- □シャボン液　□発泡ポリエチレンの玉
- □発泡スチロールの容器

授業の流れ

① フラスコをあたためると栓が飛ぶ現象を観察し，問いをもつ。

② 試験管の口にシャボン液をつけ温めると膜が膨らむか予想をたてて実験する。

③ 実験で分かったことをワークシートにまとめる。

指導のポイント

●本時は単元導入として，フラスコを温めて玉を飛ばすという事象を体験させ，そこからどんなことを調べていきたいか疑問がもてるようにすることをめあてとしています。
授業の導入では，まず先生がフラスコの玉を盛大に飛ばし，子どもたちの興味を一気に引きつけて下さい。それには①理科室のフラスコと発泡ポリエチレンの玉を全て調べ，一番よく飛ぶ組み合わせにする，②お湯の温度を高めにする，が有効です。

ワークシート①　10月30日　天気 はれ　気温 16℃
物の体積と温度　4年　1組　名前 福井 広和
めあて　空気を温めるとどうなるかやってみよう

チャレンジ
フラスコに発泡ポリエチレンの玉をつめて，お湯であたためよう
玉がどれくらいとぶか挑戦しよう

注意
・お湯は60〜70℃
・玉を人に向けない
・うまく飛ばない時は，発泡ポリエチレンの玉を浅く入れるようにしてみよう
・それでも飛ばない時はフラスコや発泡ポリエチレンの玉をかえてみよう

問い
試験管の口にシャボン液でまくを作り，手であたためると，どうなるでしょう？

予想
 まくがふくらんでシャボン玉ができる
イ．ふくらまない
ウ．その他

結果　手であたためら，まくがふくらんだ。

わかったこと
空気を温めると体積がふえる。

第一次 第2時 ワークシート② 「空気を冷やすとどうなるか」

目標 ゴム栓の先にガラス管のついた試験管を冷やすとガラス管の中の水がどうなるか予想して実験し，空気の体積が小さくなることを確かめることができるようにする。

準備物
- □ビーカー　□試験管　□ガラス管
- □ゴム栓　□氷
- □お湯（60〜70℃）

授業の流れ

① ゴム栓の先にガラス管のついた試験管を冷やした時の空気の体積を調べる。

② 今度は試験管を温めるとガラス管の中の水がどうなるか予想して確かめる。

③ 実験で分かったことをワークシートにまとめる。

指導のポイント

●ゴム栓のついた長いガラス管を以前は自作していました。しかし，最近では「体積変化観察セット」などの名称で完成品が売られています。教材カタログで確認してください。

●ガラス管の中に水を入れるには，ちょっとしたコツがあります。①まずコップに入った水にガラス管の先を2cm程度つけます。②ガラス管の反対側の口を押さえます。③コップから引き出して斜め上に向け，口を押さえていた指を少しだけゆるめます。④水がガラス管の中心付近にくるように調整しましょう。

ワークシート②　11月1日　天気 はれ　気温 20℃
物の体積と温度　4年　1組　名前 福井 広和
めあて　空気を冷やすとどうなるか調べよう

問い　空気を冷やすと体積はどうなるだろうか

予想
ア．体積は大きくなる
 体積は小さくなる
ウ．その他

理由
前の時間に空気をあたためたら体積が大きくなったので，冷やすと小さくなると思う。

実験
① ゴム栓つきガラス管の中に少しだけ水を入れる
② ゴム栓を試験管にはめる
③ 水の位置にマジックで印をつける
④ 試験管を氷水に入れて観察する

結果　体積が小さくなった。

発展
⑤ 今度は試験管をお湯（60〜70℃）に入れてみよう

わかったこと
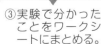空気はあたためられると体積が大きくなり冷やすと小さくなる。

8 物の体積と温度

解説とワークシートの解答

第一次 第3時 ワークシート③「空気の体積が変わるのはなぜか」

目標 横向きや逆向きにした試験管をあたためてシャボンの膜を膨らませる実験を通して、温められた空気はどの方向にも膨らんでいることに気付くことができるようにする。

準備物
- □試験管　□皿
- □シャボン液

授業の流れ

① なぜ試験管をあたためるとシャボン膜が膨らむのか自分なりの考えをもつ。

↓

② 試験管の向きを変えてもシャボン膜が膨らむか予想をたてて実験する。

↓

③ 空気の体積と温度についてワークシートにまとめる。

指導のポイント

● 試験管の口にシャボン液で膜を張り、試験管を握るとシャボン膜が膨らみます。この現象をみて試験管の中の空気が暖められ膨らんだと考える児童と上昇したと考える児童がいます。
もし空気上昇説が正しければ試験管を横向きや下向きにすると膨らみません。実際にはどの向きでも膨らむことから空気膨張説に導かれます。

● これは難しく言うと圧力が一定の時、温度が1℃上昇すると体積は0℃の時の1/273ずつ増加するという「シャルルの法則」ですが、もちろん小学生にそんな難しいことを教える必要はありません。

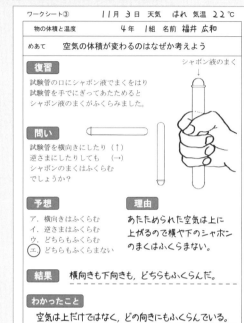

第二次 第1時 ワークシート④「水を温めると体積は変わるか」

目標 水を温めたり冷やしたりすると体積がどうなるのか予想をたて、実験により確かめる。

準備物
- □ビーカー　□試験管
- □ガラス管　□ゴム栓
- □お湯（60〜70℃）　□氷

授業の流れ

① 水を温めたり冷やしたりした時の体積変化について自分の考えをもつ。

↓

② 水の温度による体積変化について実験で確かめる。

↓

③ 分かったことをワークシートにまとめる。

指導のポイント

● 第1次では、空気の体積が温度によって変化することを調べましたが、第2次は水について調べます。

● 試験管にゴム栓をさす作業は意外にも簡単です。試験管に水を満たし、ゴム栓をさすと自然にガラス管の中に水が入ってきます。しばらく置いていると室温の変化で体積が変わることもあるので、水面の目印は直前に書くのがコツです。

● 水の体積変化はたいへんゆっくりで、しかも変化量が小さいので見逃しがちです。慌てず、じっと見ることを事前に伝えてください。

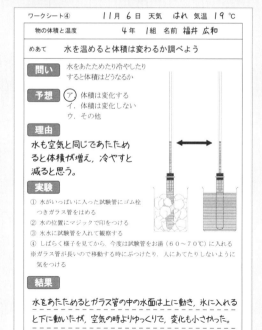

解説とワークシートの解答

第三次 第1時 ワークシート⑤ 「金属を温めると体積は変わるか」

目標 リングにぎりぎり通る金属柱を熱する実験を通して，金属も熱すると体積が大きくなることに気付くことができるようにする。

準備物
□金属球膨張試験器　□加熱器具
□ぬれ雑巾

授業の流れ

① 金属を温めたり冷やしたりした時の体積変化について自分の考えをもつ。
↓
② 金属の温度による体積変化について実験で確かめる。
↓
③ 分かったことをワークシートにまとめる。

指導のポイント

- 本時では硬くて形の変わりそうもない金属を熱して体積が変化するかどうかを調べます。
- 金属の体積が変化するほど熱するにはある程度の時間が必要です。理科室にあるガスバーナーやカセット式ガスコンロなどでも最低1分以上，アルコールランプなら3分以上熱してください。
- 金属は熱してもほとんど見た目は変化しないが，たいへん熱くて火傷するということを繰り返し伝えてください。このことは，これから鉄製の三脚などを使ったり片付けたりする時に必要不可欠な知識です。

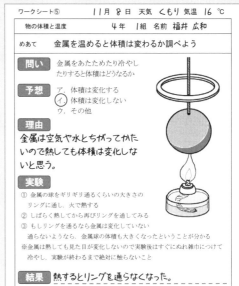

ワークシート⑤　11月8日 天気 くもり 気温 16℃
物の体積と温度　4年 1組 名前 福井 広和

めあて 金属を温めると体積は変わるか調べよう

問い 金属をあたためたり冷やしたりすると体積はどうなるか

予想
ア．体積は変化する
イ．体積は変化しない
ウ．その他

理由 金属は空気や水とちがってかたいので熱しても体積は変化しないと思う。

実験
① 金属の球をギリギリ通るくらいの大きさのリングに通し，火で熱する
② しばらく熱してから再びリングを通してみる
③ もしリングを通るなら金属は変化していない
　通らないようなら，金属球の体積も大きくなったということが分かる
※金属は熱しても見た目が変化しないので実験後はすぐにぬれ雑巾につけて冷やし，実験が終わるまで絶対に触らないこと

結果 熱するとリングを通らなくなった。

わかったこと 金属は見た目は変わらないけれど，熱すると体積が増える。

第四次 第1時 ワークシート⑥ 「物の体積と温度をまとめる」

目標 単元を振り返り，①水・空気・金属はいずれも温めると体積が大きくなり冷やすと小さくなる，②それぞれの変化の程度には違いがあることをまとめられるようにする。

準備物 □ワークシート

授業の流れ

① 本単元でこれまで書いたワークシートを並べて学習の過程を振り返る。
↓
② 物の体積と温度についてワークシートにまとめる。
↓
③ 分かったことを発表する。

指導のポイント

- 単元の途中では学習したワークシートはクリヤファイルなどに一時保存しておきます。これをポートフォリオと言います。
- 単元の終わりに保存していたワークシートを取り出し並べます。広げて眺めることで各時間の内容を思い出すだけではなく，全体像や単元の流れを俯瞰的につかむことができるようになります。また，学習前の自分と学習後の自分を比べて，ものの見方や考え方がどう変わったか，メタ認知（より高次の認知）が可能になります。こうしたポートフォリオを活用した自己評価にはノートよりもワークシートが向いています。

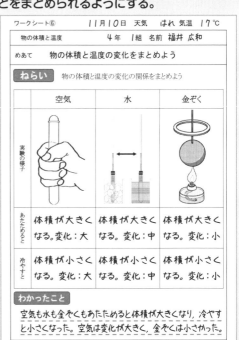

ワークシート⑥　11月10日 天気 はれ 気温 17℃
物の体積と温度　4年 1組 名前 福井 広和

めあて 物の体積と温度の変化をまとめよう

ねらい 物の体積と温度の変化の関係をまとめよう

実験の様子	空気	水	金ぞく
あたためると	体積が大きくなる。変化：大	体積が大きくなる。変化：中	体積が大きくなる。変化：小
冷やすと	体積が小さくなる。変化：大	体積が小さくなる。変化：中	体積が小さくなる。変化：小

わかったこと 空気も水も金ぞくもあたためると体積が大きくなり，冷やすと小さくなった。空気は変化が大きく，金ぞくは小さかった。

ワークシート①	月　日　天気　　　気温　　　℃
物の体積と温度	年　組　名前

めあて　空気を温めるとどうなるかやってみよう

チャレンジ

フラスコに発泡ポリエチレンの玉をつめて，お湯であたためよう
玉がどれくらいとぶか挑戦しよう

注意

・お湯は６０〜７０℃
・玉を人に向けない

・うまく飛ばない時は，発泡ポリエチレンの玉を浅く入れるようにしてみよう
・それでも飛ばない時はフラスコや発泡ポリエチレンの玉をかえてみよう

問い

試験管の口にシャボン液でまくを作り，手であたためると，どうなるでしょう？

予想

ア．まくがふくらんでシャボン玉ができる
イ．ふくらまない
ウ．その他

結果

わかったこと

ワークシート②	月　　日　天気　　　　気温　　　℃

物の体積と温度　　　　年　　組　名前

めあて　空気を冷やすとどうなるか調べよう

問い　空気を冷やすと体積はどうなるだろうか

予想
ア．体積は大きくなる
イ．体積は小さくなる
ウ．その他

理由

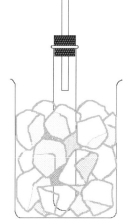

実験
① ゴム栓つきガラス管の中に少しだけ水を入れる
② ゴム栓を試験管にはめる
③ 水の位置にマジックで印をつける
④ 試験管を氷水に入れて観察する

結果 ------------------

発展
⑤ 今度は試験管をお湯（６０〜７０℃）に入れてみよう

わかったこと

ワークシート③　　　　月　　日　天気　　　　気温　　　℃

物の体積と温度　　　　　年　　組　名前

めあて　**空気の体積が変わるのはなぜか考えよう**

復習

試験管の口にシャボン液でまくをはり
試験管を手でにぎってあたためると
シャボン液のまくがふくらみました。

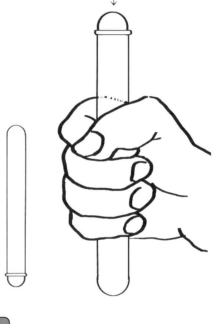

シャボン液のまく

問い

試験管を横向きにしたり（↑）
逆さまにしたりしても　　（→）
シャボンのまくはふくらむ
でしょうか？

予想　　　　　　　　　理由

ア．横向きはふくらむ
イ．逆さまはふくらむ
ウ．どちらもふくらむ
エ．どちらもふくらまない

結果

わかったこと

ワークシート④	月　日　天気　　　気温　　　℃
物の体積と温度	年　組　名前

めあて　水を温めると体積は変わるか調べよう

問い　水をあたためたり冷やしたりすると体積はどうなるか

予想
ア．体積は変化する
イ．体積は変化しない
ウ．その他

理由

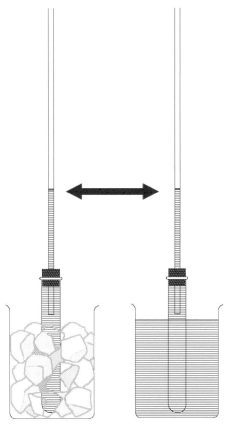

実験

① 水がいっぱいに入った試験管にゴム栓つきガラス管をはめる
② 水の位置にマジックで印をつける
③ 氷水に試験管を入れて観察する
④ しばらく様子を見てから，今度は試験管をお湯（６０～７０℃）に入れる

※ガラス管が長いので移動する時にぶつけたり，人にあてたりしないように気をつける

結果

ワークシート⑤	月　日　天気　　　気温　　　℃
物の体積と温度	年　組　名前

めあて　金属を温めると体積は変わるか調べよう

問い　金属をあたためたり冷やしたりすると体積はどうなるか

予想
ア．体積は変化する
イ．体積は変化しない
ウ．その他

理由

実験
① 金属の球をギリギリ通るくらいの大きさの
　リングに通し，火で熱する
② しばらく熱してから再びリングを通してみる
③ もしリングを通るなら金属は変化していない
　通らないようなら，金属球の体積も大きくなったということが分かる
※金属は熱しても見た目が変化しないので実験後はすぐにぬれ雑巾につけて
　冷やし，実験が終わるまで絶対に触らないこと

結果

わかったこと

ワークシート⑥	月　日　天気　　　気温　　℃

物の体積と温度	年　組　名前

めあて　物の体積と温度の変化をまとめよう

ねらい　物の体積と温度の変化の関係をまとめよう

	空気	水	金ぞく
実験の様子			
あたためると			
冷やすと			

わかったこと

- -

- -

9 物のあたたまり方

ここでは，金属，水，空気の温まり方の違いについて学習します。金属は熱した所から順々に，水と空気は温められた所が移動して全体が温まります。しかし，子どもたちのなかには熱に重さやそれ以外の何かがあると考えている場合があります。例えば金属棒を斜めにして下の方を熱すると熱が重くて上の方に伝わらないと考えたり，金属棒を折り曲げるとそこで熱が伝わらなくなると考えたりする子どもがいるのです。こうした子どもたちのものの見方や考え方（素朴概念）が，予想を立て実験で確かめていくことで変わっていく様子がとてもよく分かる単元です。

育成する資質・能力

【知識及び技能】

金属は熱せられた部分から順に温まるが，水や空気は熱せられた部分が移動して全体が温まることを理解する。

【思考力，判断力，表現力等】

金属，水及び空気を熱したときの熱の伝わり方を温度の変化と関係付けて追究する中で，根拠のある予想や仮説を発想し，表現する。

【学びに向かう力，人間性等】

主に既習の内容や生活経験を基に，根拠のある予想や仮説を発想する力や主体的に問題解決しようとする態度を育成する。

単元の構成
※丸付数字はワークシートの番号

第一次 金属のあたたまり方
- 第1時 金属棒のあたたまり方①水平・下…①
- 第2時 金属棒のあたたまり方②上・中心…②
- 第3時 金属棒のあたたまり方③変形…③
- 第4時 金属板のあたたまり方①端・中心…④
- 第5時 金属板のあたたまり方②U字型…⑤

第二次 水のあたたまり方
- 第1時 試験管の水のあたたまり方…⑥
- 第2時 ビーカーの水のあたたまり方…⑦

第三次 空気のあたたまり方
- 第1時 空気はどのようにあたたまるか…⑧
- 第2時 教室の空気の温度をはかろう…⑨

解説とワークシートの解答

第一次 第1時 ワークシート① 「金属棒のあたたまり方①水平・下」

目標 金属棒の端を熱する活動を通して、金属棒は熱せられた所から順々にあたたかさが伝わっていくことに気付くことができるようにする。

準備物
- □金属棒、□スタンド
- □実験用バーナー（アルコールランプ）
- □ロウ（示温シール）

授業の流れ

① 金属棒の端を熱してどのようにあたたまるか観察する。

② 斜めにした金属棒の下を熱すると、どうあたたまるか予想をたてて実験する。

③ 実験で分かったことをワークシートにまとめる。

指導のポイント

● 本時は金属の温まり方の導入です。まずは練習問題として水平にセットした金属棒の温まり方を調べます。この時に器具の使い方を徹底しておくと後の実験が安心してできるようになります。①実験中は机の上に何も置かない。②ロウの気体が出るので長時間熱しない。③実験後は見た目に変化がなくても金属棒は熱いので絶対に触らない…などです。
● 温度の変化はロウを塗り、その溶け具合で調べます。別法として示温シールを用いる方法もありますが、燃やさないよう気をつけてください。

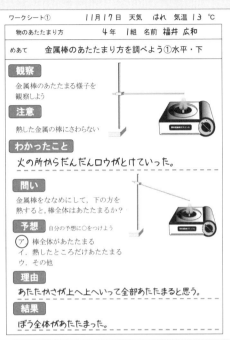

ワークシート①　11月17日　天気 はれ　気温 13℃
物のあたたまり方　4年 1組 名前 福井 広和
めあて　金属棒のあたたまり方を調べよう①水平・下

観察 金属棒のあたたまる様子を観察しよう
注意 熱した金属の棒にさわらない
わかったこと 火の所からだんだんロウがとけていった。
問い 金属棒をななめにして、下の方を熱すると、棒全体はあたたまるか？
予想 自分の予想に○をつけよう
（ア）棒全体があたたまる
イ．熱したところだけあたたまる
ウ．その他
理由 あたたかさが上へ上へいって全部あたたまると思う。
結果 ぼう全体があたたまった。

第一次 第2時 ワークシート② 「金属棒のあたたまり方②上・中心」

目標 金属棒を熱する活動を通して、金属棒は上下に関係なく熱せられた所から順々にあたたかさが伝わっていくことに気付き、図に表すことができるようにする。

準備物
- □金属棒、□スタンド
- □実験用バーナー（アルコールランプ）
- □ロウ（示温シール）

授業の流れ

① 斜めにした金属棒の上を熱すると、どうあたたまるか予想をたてて実験する。

② 金属棒の真ん中を熱する時のあたたまり方の予想図を描き、観察する。

③ 実験で分かったことをワークシートにまとめる。

指導のポイント

● 本時は金属棒の温まり方についての概念を定着させることをねらいとしています。ひとつは「金属棒は熱したところから順々にあたたまる」という言葉で、もうひとつは図を描くことでイメージを明確にしていきます。
右に示した図はあくまで参考例です。決してこれを全員に強要するものではありません。矢印などを用いて児童が自分なりのイメージで表現することができたなら、許容してください。
● イメージ図は児童が描きやすいように棒をデフォルメして太く表しています。

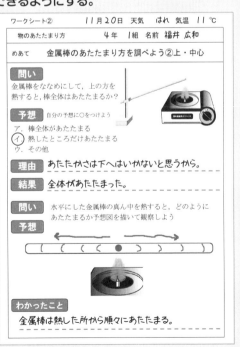

ワークシート②　11月20日　天気 はれ　気温 11℃
物のあたたまり方　4年 1組 名前 福井 広和
めあて　金属棒のあたたまり方を調べよう②上・中心

問い 金属棒をななめにして、上の方を熱すると、棒全体はあたたまるか？
予想 自分の予想に○をつけよう
ア．棒全体があたたまる
（イ）熱したところだけあたたまる
ウ．その他
理由 あたたかさは下へいかないと思うから。
結果 全体があたたまった。
問い 水平にした金属棒の真ん中を熱すると、どのようにあたたまるか予想図を描いて観察しよう
予想
わかったこと 金属棒は熱した所から順々にあたたまる。

9 物のあたたまり方

解説とワークシートの解答

第一次 第3時 ワークシート③ 「金属棒のあたたまり方③変形」

目標 曲げられた金属棒を熱する活動を通して，金属棒は形にかかわらず熱せられた所から順々にあたたかさが伝わっていくことに気付くことができるようにする。

準備物
- □金属棒，□スタンド
- □実験用バーナー（アルコールランプ）
- □ロウ（示温シール）

授業の流れ

 折れ曲がった金属棒を熱すると，どうあたたまるか予想を立てて実験する。

↓

 輪になった金属棒を熱すると，どうあたたまるか予想を立てて実験する。

↓

③ 実験で分かったことをワークシートにまとめる。

指導のポイント

● 金属棒の温まり方について特殊な例をあげることで，概念を定着させます。児童の概念は何万時間という彼らの歴史に裏付けられているもので1時間程度の授業で容易に変えることはできません。時間の許される限り条件を変え，繰り返し実験することで少しずつ変容するものです。熱が急なカーブを曲がれないと考えるのは，自分の生活実感から考えているのです。

● ホームセンターに銅製で直径3mm位の太い針金を売っています。これを30cm位に切って使うと良いです。

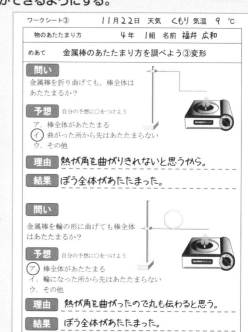

第一次 第4時 ワークシート④ 「金属板のあたたまり方①端・中心」

目標 金属板を熱する活動を通して，金属板も熱せられた所から順々にあたたかさが伝わっていくことに気付くことができるようにする。

準備物
- □金属板　□スタンド
- □実験用バーナー（アルコールランプ）
- □ロウ（示温シール）

授業の流れ

 金属板の端を熱するとどのようにあたたまるか予想図を描いて観察する。

↓

 金属棒の中心を熱するとどのようにあたたまるか予想図を描いて観察する。

↓

③ 実験で分かったことをワークシートにまとめる。

指導のポイント

● 前時までは金属棒を熱し，直線的な温まり方を調べてきました。本時は金属板を熱することで温まり方を平面的に調べていきます。「金属板も熱した所から順々に温かくなる」という見方・考え方を自分なりのイメージで表現できるようにすることが目標です。

● 実験用コンロでこの実験を行うと，溶けたロウがノズル（ガスのでる穴）をふさぎ故障することがあります。対策としてアルコールランプを使うのが最も確実ですが，示温シール（色によって温度を示す）を貼り付ける方法もあります。

解説とワークシートの解答

第一次 第5時 ワークシート⑤ 「金属板のあたたまり方②U字型」

目標 切れこみのある金属板を熱する活動を通して、熱は切れこみを越えては伝わらず金属部分を順々に伝わっていくことに気付くことができるようにする。

準備物
- □金属板　□スタンド
- □実験用バーナー（アルコールランプ）
- □ロウ（示温シール）

授業の流れ

①切れこみのある金属板がどのようにあたたまるか予想図を描く。

②熱の伝わり方を実験で確かめる。

③実験で分かったことをワークシートにまとめる。

指導のポイント

●前時は四角い金属板を熱し、熱した所から順々に温かくなることを確かめました。今回はその応用編です。今回の金属板は切れ込みが入っており、金属がつながっていない部分は熱を伝えるかどうか予想をもとにイメージ図を描いて、実験で確かめます。切れ込みの部分はあたたかさが伝わらず、金属部分のみ熱は伝わります。右図のように熱した所からの距離に等しく波紋のように広がっていき、切れこみ部分は防波堤を波が回り込むように伝わっていく様子が観察できます。

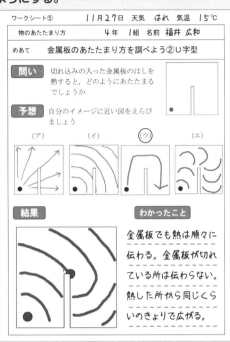

第二次 第1時 ワークシート⑥ 「試験管の水のあたたまり方」

目標 水の入った試験管を熱する活動を通して、水は金属とは違い、あたためられた所が移動して全体に伝わっていくことに気付くことができるようにする。

準備物
- □試験管
- □アルコールランプ（実験用コンロ）
- □示温インク

授業の流れ

①試験管の下を熱するとどのようにあたたまるか予想図を描いて観察する。

②試験管の上を熱するとどのようにあたたまるか予想図を描いて観察する。

③実験で分かったことをワークシートにまとめる。

指導のポイント

●1次は金属は熱した所から順々に温かくなることを調べました。2次は水の温まり方を調べます。試験管の下を熱しても上部がまず熱くなり、次第に温かい部分が下に降りてきます。上を熱すると、上部は沸騰して水蒸気が出ているのに、下の方は冷たいままです。金属の温まり方とは違うことに気づきます。

●教科書には「示温インク」という温度を色変化で知る便利な道具が紹介されています。しかし、この実験は手で触ってみるだけでも十分に分かります。実感の伴った体験をさせてください。

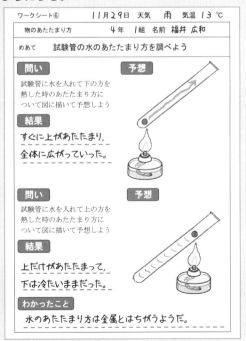

9 物のあたたまり方

解説とワークシートの解答

第二次 第2時 ワークシート⑦「ビーカーの水のあたたまり方」

目標 水の入ったビーカーを熱する活動を通して、水のあたためられ方を理解し、分かったことを図で表すことができるようにする。

準備物
- 300mL ビーカー
- アルコールランプ（実験用コンロ）
- 示温インク

授業の流れ

水の入ったビーカーの下を熱するとどのようにあたたまるか観察する。

↓

観察した結果を絵でワークシートに記録する。

↓

③水の温まり方についてワークシートに文章でまとめる。

指導のポイント

●本時は、水のあたたまり方（小学校では「対流」という言葉は使いません）を立体的に調べます。調べ方は昔ながらのおがくず（図工室で糸のこを使った時の細かい切りくず）を用いるのがオススメですが、最近は示温インクという便利な道具もあります。「温度と体積の変化」で学習したように、温められた水は体積が増えます。そして、まわりの冷たい水より比重が小さくなるので上に上がります。それが水の流れを生み、全体があたたまるのです。

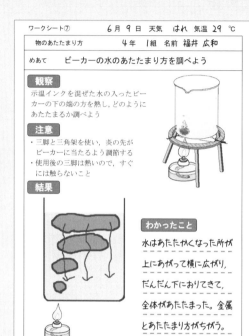

第三次 第1時 ワークシート⑧「空気はどのようにあたたまるか」

目標 空気の入ったビーカーを熱する活動を通して、空気も水と同じで、あたためられた所が移動して全体に伝わっていくことに気付くことができるようにする。

準備物
- 300mL ビーカー
- アルコールランプ（実験用コンロ）
- アルミホイル
- 線香
- マッチ
- 三脚
- 三角架

授業の流れ

空気の入ったビーカーの下を熱するとどうなるか予想を立て観察する。

↓

観察した結果を絵でワークシートに記録する。

↓

③空気のあたたまり方についてワークシートに文章でまとめる。

指導のポイント

●本時は空気の温まり方が金属のように熱した所から順々に伝わるのか、あるいは水のように温まった部分が上に上がり、動きながら全体に広がっていくのかを調べます。

●ここではフタをしたビーカーに線香の煙を閉じこめ、熱せられた空気が上昇する様子を観察するようにしていますが、正直に言って難しいです。ビーカーの断面の形をした板に示温シールを貼り、中に入れて観察する方法もありますが、こちらも決定版とは言えません。

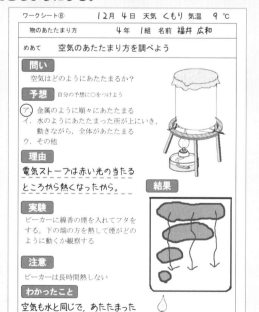

解説とワークシートの解答

第三次 第2時 ワークシート⑨「教室の空気の温度をはかろう」

目標 教室のいろいろな場所の気温を計る活動を通して、部屋のあたたまり方に気付くとともに、学んだことを生活の場面に結びつけることができるようにする。

準備物
- □温度計
- □対流式ストーブ

授業の流れ

① 教室でストーブをつけるとどのようにあたたまるか予想する。

② 教室のいろいろな場所の温度をはかる。

③ 測定結果をまとめ、部屋のあたたまり方についてワークシートにまとめる。

指導のポイント

- 前時はビーカーの中での空気の温まり方を調べました。本時はその応用編で、学習したことを生活に広げることを目的とします。
- ガラスの温度で計る時は落としたりしないように気をつけさせてください。また、直接ストーブに触るのも危険です。
- 線香で空気の流れを調べると、ストーブの上に強烈な上昇気流があることが分かります。温められた空気は天井の方に上がっているのですね。ストーブをつけても足元が寒い時はサーキュレーターなどで天井のあたたかい空気を動かす必要があるのですね。

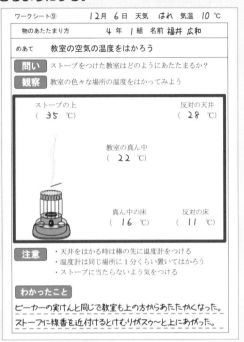

ワークシート⑨ 12月 6日 天気 はれ 気温 10℃
物のあたたまり方 4年 1組 名前 福井 広和
めあて 教室の空気の温度をはかろう
問い ストーブをつけた教室はどのようにあたたまるか？
観察 教室の色々な場所の温度をはかってみよう

- ストーブの上（ 35 ℃）
- 反対の天井（ 28 ℃）
- 教室の真ん中（ 22 ℃）
- 真ん中の床（ 16 ℃）
- 反対の床（ 11 ℃）

注意
- 天井をはかる時は棒の先に温度計をつける
- 温度計は同じ場所に1分くらい置いてはかろう
- ストーブに当たらないよう気をつける

わかったこと
ビーカーの実けんと同じで教室も上の方からあたたかくなった。
ストーブに線香を近付けるとけむりがスゥ〜と上にあがった。

ポイント解説

教室のいろんな所の温度をはかろう

教室のいろいろな場所の温度を測ってみます。普段はだめですが、この時だけは気をつけて机の上に上がってもよいことにします。机の上に上がっただけで、モワッと暖かい感じがします。この体感はとても大切です。温度計で測ったデジタルな数字と肌で感じた温度の感覚の両方で「実感の伴った理解」をすることができるのです。

線香の煙で空気の動きを調べよう

　温度は目で見えません。目では見えない現象を工夫して見えるようにするのが本単元の面白さです。金属の温まり方は表面にロウを塗って、その融ける様子で知ります。チョコレートでも構いません。料理をする時にフライパンが高温かどうかはバターやマーガリンで分かります。水の温まり方は示温インクで確かめます。アルギン酸ナトリウムと塩化カルシウムで作る人工イクラ（教材キットで売っています）に示温インクで色をつけると、ビーカーの底で熱せられて赤くなったイクラが上に上がり、だんだん青くなりながらゆっくり降りてくる様子が見られます。温められた水の動き方だけなら味噌汁の中のミソの動きでも観察できます。日常の経験から実験方法を考えることが理科の学びに向かう力を育てます。

　空気の動きは線香の煙で調べることができます。線香の煙はすでに線香の熱で上昇していますが、ストーブの上に近付けるとジェット気流のように勢いよく上昇します。逆に、ポリ袋に冷たい氷水を入れて、線香の煙を近付けると、勢いよく下降します。はっきりとした動き方の違いが楽しいので子ども達は何度もやってみます。

　窓際に置いたストーブに日光が当たると、反対側にできるストーブの影の上の方がゆらゆらと揺れながら上昇しているように見えます。これはシュリーレン現象と言われ、暑い日にアスファルトの道路の上に見られる「かげろう」と同じです。

　教室にヘリウム風船を浮かべると面白いです。ヘリウム風船はシールなどのおもりを調整して教室の真ん中辺りで浮くようにしておきます。ヘリウム風船はプカプカと教室内を自由に漂っているのですが、南の窓の近くに来ると天井まで上昇し、北の廊下側に来ると床まで降りてきます。国語や算数をしていると、ちょっと子ども達は気が散るのですが、すぐにそれも慣れます。数年経った同窓会でも、冬の日に教室内を浮遊していた風船の話で盛り上がります。

ワークシート①	月　日　天気　　　気温　　　℃
物のあたたまり方	年　　組　名前

めあて　**金属棒のあたたまり方を調べよう①水平・下**

観察

金属棒のあたたまる様子を観察しよう

注意

熱した金属の棒にさわらない

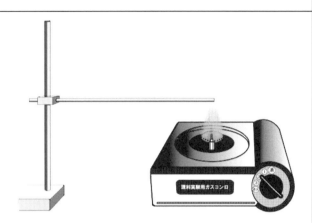

わかったこと

問い

金属棒をななめにして，下の方を熱すると，棒全体はあたたまるか？

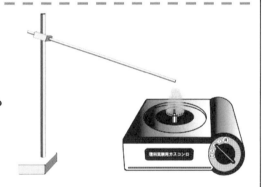

予想　自分の予想に○をつけよう

ア．棒全体があたたまる
イ．熱したところだけあたたまる
ウ．その他

理由

結果

ワークシート②	月　日　天気　　　気温　　　℃
物のあたたまり方	年　　組　名前

めあて　　**金属棒のあたたまり方を調べよう②上・中心**

問い
金属棒をななめにして，上の方を熱すると，棒全体はあたたまるか？

予想　自分の予想に○をつけよう
ア．棒全体があたたまる
イ．熱したところだけあたたまる
ウ．その他

理由

結果

問い
水平にした金属棒の真ん中を熱すると，どのようにあたたまるか予想図を描いて観察しよう

予想

わかったこと

ワークシート③	月　　日　天気　　　　気温　　　℃
物のあたたまり方	年　　組　名前

めあて　金属棒のあたたまり方を調べよう③変形

問い
金属棒を折り曲げても，棒全体はあたたまるか？

予想　自分の予想に○をつけよう
ア．棒全体があたたまる
イ．曲がった所から先はあたたまらない
ウ．その他

理由
_____

結果
_____

問い
金属棒を輪の形に曲げても棒全体はあたたまるか？

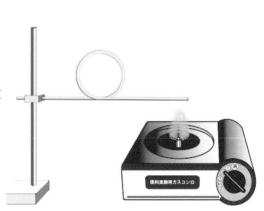

予想　自分の予想に○をつけよう
ア．棒全体があたたまる
イ．輪になった所から先はあたたまらない
ウ．その他

理由
_____

結果
_____

ワークシート④　　　　　　月　　日　天気　　　　気温　　　℃

物のあたたまり方　　　　　年　組　名前

めあて　　金属板のあたたまり方を調べよう①端・中心

問い　金属板の端を熱した時のあたたまり方について図をかいて予想しよう

予想

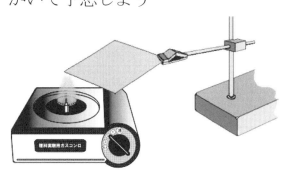

結果

問い　金属板の中心を熱した時のあたたまり方について図をかいて予想しよう

予想

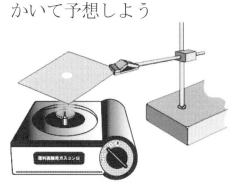
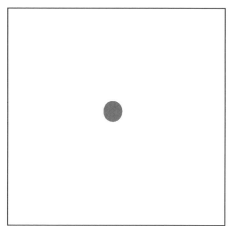

結果

わかったこと

ワークシート⑤　　　月　　日　天気　　　　気温　　　℃

物のあたたまり方　　　年　組　名前

めあて　金属板のあたたまり方を調べよう②U字型

問い　切れ込みの入った金属板のはしを熱すると、どのようにあたたまるでしょうか

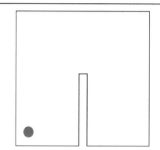

予想　自分のイメージに近い図をえらびましょう

（ア）　　　　　（イ）　　　　　（ウ）　　　　　（エ）

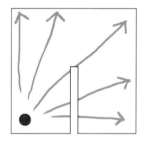 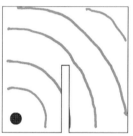 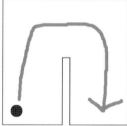 

結果　　　　　　　　　　　　**わかったこと**

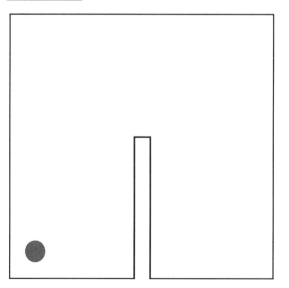

- - - - - - - - - - -

- - - - - - - - - - -

- - - - - - - - - - -

- - - - - - - - - - -

- - - - - - - - - - -

ワークシート⑥	月　日　天気　　　　気温　　　℃
物のあたたまり方	年　組　名前

めあて　試験管の水のあたたまり方を調べよう

問い

試験管に水を入れて下の方を熱した時のあたたまり方について図に描いて予想しよう

予想

結果

問い

試験管に水を入れて上の方を熱した時のあたたまり方について図に描いて予想しよう

予想

結果

わかったこと

ワークシート⑦　　　月　　日　天気　　　　気温　　　℃

物のあたたまり方　　　　　年　　組　名前

めあて　　ビーカーの水のあたたまり方を調べよう

観察

示温インクを混ぜた水の入ったビーカーの下の端の方を熱し，どのようにあたたまるか調べよう

注意

・三脚と三角架を使い，炎の先が
　ビーカーに当たるよう調節する
・使用後の三脚は熱いので，すぐ
　には触らないこと

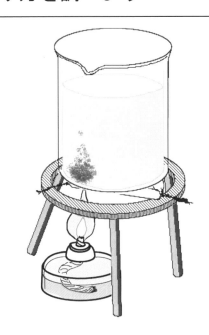

結果

わかったこと

| ワークシート⑧ | 月　日　天気　　　　気温　　　℃ |

| 物のあたたまり方 | 年　組　名前 |

めあて　空気のあたたまり方を調べよう

問い

空気はどのようにあたたまるか？

予想　自分の予想に○をつけよう

ア．金属のように順々にあたたまる
イ．水のようにあたたまった所が上にいき，
　　動きながら，全体があたたまる
ウ．その他

理由

実験

ビーカーに線香の煙を入れてフタを
する。下の端の方を熱して煙がどの
ように動くか観察する

注意

ビーカーは長時間熱しない

わかったこと

結果

ワークシート⑨   月   日 天気   気温   ℃

物のあたたまり方   年   組 名前

めあて 教室の空気の温度をはかろう

問い ストーブをつけた教室はどのようにあたたまるか？

観察 教室の色々な場所の温度をはかってみよう

ストーブの上　　　　　　　　　　　　　　反対の天井
(　　　℃)　　　　　　　　　　　　　　(　　　℃)

教室の真ん中
(　　　℃)

真ん中の床　　　　反対の床
(　　　℃)　　　(　　　℃)

注意
・天井をはかる時は棒の先に温度計をつける
・温度計は同じ場所に1分くらい置いてはかろう
・ストーブに当たらないよう気をつける

わかったこと

10 水のすがたと温度

水は冷やすと0℃で凍り，熱すると100℃で水蒸気になります。そんなこと当たり前です。だって水が固体から液体になる温度を0℃と定め，液体から気体になる温度を100℃と決めたのだから。しかし，本当に実験すると，なかなかその通りにはなりません。0℃以下でも液体のままだったり，いくら熱しても98℃以上にならなかったり…。自然というのは計算通りにはいかないのですね。でも，理科は机上の空論ではなく，実際の事物や現象に向き合う教科です。だから，すっきり割り切れないこともある。だけど，そこが理科の面白いところでもあるのです。

育成する資質・能力

【知識及び技能】

水は温度によって水蒸気や氷に変わること，また水が氷になると体積が増えることを理解する。

【思考力，判断力，表現力等】

水の体積や状態の変化を温度の変化と関係付けて追究する中で，根拠のある予想や仮説を発想し，表現する。

【学びに向かう力，人間性等】

主に既習の内容や生活経験を基に，根拠のある予想や仮説を発想する力や主体的に問題解決しようとする態度を育成する。

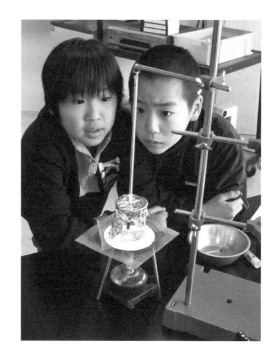

単元の構成
※丸付数字はワークシートの番号

第一次　水を熱するとどうなるか
- 第1時　水を熱して観察する…①
- 第2時　水を熱すると100℃になるのか…②
- 第3時　泡の正体は何なのだろうか…③
- 第4時　缶ペチャであそぼう…④

第二次　水を冷やすとどうなるか
- 第1時　水を冷やすと0℃になるのか…⑤
- 第2時　氷は何度でとけるのか…⑥
- 第3時　アイスキャンディーをつくろう…⑦

解説とワークシートの解答

第一次 第1時 ワークシート① 「水を熱して観察する」

目標 水を熱してその様子を観察する活動を通して、湯気や水蒸気に興味をもち、その性質について調べようとする意欲をもつことができるようにする。

準備物 □実験用カセットコンロ（アルコールランプ＋三脚でもよい） □金網 □ビーカー（100mL） □アルミホイル

授業の流れ

①これまでの単元で学習してきた事柄を思い出す。

↓

②水を沸騰させ、その様子を観察させる。

↓

③気がついたこと、もっと知りたいことをワークシートにまとめる。

指導のポイント

●本時は「水の三態変化」の導入です。まずは水を熱した時の様子をしっかり観察させ、単元全体につながる問いが見つけられるようにします。沸騰した水を見ることは日常生活では意外にありません。たいていは鍋やポットの中で沸かすので、透明の容器を横から観察することは、とても珍しい経験なのです。子ども達は食い入るように観察し、いろいろなことを発見してくれます。突沸の恐れがあるので、顔を近付けすぎないように注意します。

ワークシート①　2月7日　天気　はれ　気温　5℃
水のすがたと温度　　4年　1組　名前　福井　広和

めあて　水を熱して観察しよう

【復習】これまでに学習したことを思い出しましょう
【空気と水の性質】空気を押すと体積が小さくなり、押し返す力が大きくなる。水は押しちぢめることができない。
【温度と体積の変化】温度による体積の変化は空気、水、金属の順に大きく、熱すると体積が大きく、冷やすと小さくなる。

【観察】水を熱した時の様子を観察しよう

【注意】
・水が噴き出すことがあるのでビーカーの上をアルミホイルでおおい、真ん中に穴をあけて、熱する
・水を入れすぎないこと。7分目くらい入れ、水面の位置に印をしておく
・火やビーカーに顔を近づけないこと
・さめるまでビーカーに触らない

【気付いたこと】
・水の中にいっぱい泡がでて、ビーカーの内側がくもった。
・アルミホイルの穴から湯気がさかんに出ていたが、穴のすぐ上は見えなかった。上に上がるとまた見えなくなった。
・ずっと熱していたら、水がだんだん減ってきた。

第一次 第2時 ワークシート② 「水を熱すると100℃になるのか」

目標 水を熱すると100℃になるのか予想を立てて確かめる活動を通し、水は100℃近くになると盛んに泡をだして沸騰するが、それ以上は温度が上がらないことを確かめる。

準備物 □実験用カセットコンロ □スタンド □ビーカー（100mL） □金網 □温度計 □アルミホイル □ふっとうせき

授業の流れ

①水を熱すると100℃になるか予想し、自分なりの理由を考える。

↓

②水を熱して1分ごとの温度をワークシートに記録する。

↓

③結果をグラフにまとめ分かったことを発表する。

指導のポイント

●本時は水の沸点を調べる学習です。もし、子ども達が事前に知識をもっていなければ「水を熱すると何度まで上がるだろう？」と問います。しかし、多くの子が100℃で沸騰することを知っていたら、「本当に100℃になるのか？」と切り返してみると面白いです。塾で予習していた子が急に本気モードに変わります。100℃という沸点は理想状態での理論値なので、普通は100℃まで上がることはありません。5回続けて同じ温度なら実験を終わります。

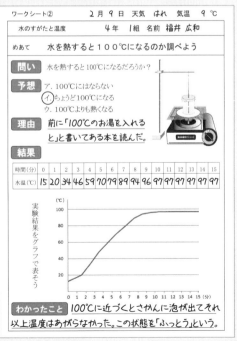

ワークシート②　2月9日　天気　はれ　気温　9℃
水のすがたと温度　　4年　1組　名前　福井　広和

めあて　水を熱すると100℃になるのか調べよう

【問い】水を熱すると100℃になるだろうか？

【予想】ア．100℃にはならない
（イ）ちょうど100℃になる
ウ．100℃よりも熱くなる

【理由】前に「100℃のお湯を入れると」と書いてある本を読んだ。

【結果】

時間(分)	0	1	2	3	4	5	6	7	8	9	10	11	12	13	14	15
水温(℃)	15	20	34	46	59	70	79	89	94	96	97	97	97	97	97	97

実験結果をグラフで表そう

【わかったこと】100℃に近づくとさかんに泡が出てそれ以上温度はあがらなかった。この状態を「ふっとう」という。

10 水のすがたと温度

解説とワークシートの解答

第一次 第3時 ワークシート③ 「泡の正体は何なのだろうか」

目標 沸騰している泡の正体について自分なりの予想を立て調べる活動を通して，それが空気ではなく水であることに気付くことができるようにする。

準備物
- ☐実験用カセットコンロ　☐試験管
- ☐試験管ばさみ　☐ポリ袋

授業の流れ

① 沸騰した湯の中に出る泡の正体について自分なりの予想をたてる。

② ポリ袋で泡を集め，その正体をつきとめる。

③ 実験結果から分かることをワークシートにまとめる。

指導のポイント

● 本時では，水が沸騰する時にさかんに出てくる泡は空気ではなく気体になった水であることを調べます。教科書には各社ともビーカーでお湯を沸かし，ろうとで水中の泡を集め，ストローを通してポリ袋に集めるようになっています。本書では同じ実験を試験管で行う簡単な方法を紹介しました。これはとても手軽ですが，ポリ袋に火がつかないように注意してください。

● 水蒸気はバラバラの水分子が高速で飛び回る気体の状態で，分子の数は少なくても激しくぶつかりあうのでポリ袋がふくらみます。

ワークシート③　2月12日　天気　はれ　気温　6℃
水のすがたと温度　4年 B組　名前　福井 広和

めあて　泡の正体は何なのか調べよう

問い　ふっとうしているお湯の中に出てくる「あわ」の正体は何か？

予想　ア．空気　イ．水　ウ．その他

理由　あわは無色とう明なので，水の中に少し空気があると思う。金魚は水の中でこの空気を吸っている。

実験　試験管に水を入れ，口のところにポリ袋をつけて熱してみよう

注意　ポリ袋を火に近づけないこと

結果　イ．水

気付いたこと　ふっとうしてあわが出ている時は袋がふくらんでいたけれど，火をとめるとポリ袋はしぼんで，下の方に水がたまった。

わかったこと
・水は熱すると「水じょう気」に変わる。
・水が水じょう気になることを「じょう発」という。

第一次 第4時 ワークシート④ 「缶ペチャであそぼう」

目標 水蒸気で空き缶の中の空気を追い出して真空にし，大気圧で空き缶を潰す実験を通して水の状態と体積の変化について考えをまとめることができるようにする。

準備物
- ☐実験用カセットコンロ　☐アルミ缶
- ☐トング（火ばさみ）　☐水槽
- ☐軍手

授業の流れ

① ワークシートの説明を読んで，安全に缶つぶしの実験をする。

② 実験の結果をもとに缶がつぶれた仕組みについて考える。

③ 考えを交流し合い，水の状態変化についての考えをワークシートにまとめる。

指導のポイント

● 本時は水と水蒸気の体積の違いを利用して楽しい遊びをします。「空気と水の性質」の単元で学習したように，気体である空気は勢いよく分子が飛び回っていて，注射器に閉じこめると手応えがあり，押し縮めると押し返してきます。この大気の力で空気の入っていない空き缶をつぶします。空き缶の中から空気を無くすには，本単元の水と水蒸気の体積変化を利用します。

● 大気圧は1cm²あたり1kgというたいへん大きな力があります。缶の表面積を考えると何百kgという力になります。

ワークシート④　2月14日　天気　はれ　気温　11℃
水のすがたと温度　4年 B組　名前　福井 広和

めあて　水の体積変化を利用して，空き缶をつぶそう！

実験のやり方

①アルミ缶の中に水を少しだけ（30ml）入れて熱します。水はたくさん入れても，ふっとうするのに時間がかかるだけで効果は同じです。

②しばらくするとアルミ缶の口から白い湯気がでてきます。湯気の下の透明な部分は水蒸気です。
しばらくはアルミ缶の中が水蒸気でいっぱいになるのを待ちます。

③トングで空き缶を持ち，空き缶の口が水面でふさがるように水槽に逆さまにつけます。ポンッと大きな音がして，空き缶がつぶれます。
トングはあらかじめ逆手に持っておくのがコツです。

感想　ポンッと音がして空き缶がペチャンコにつぶれた。水じょう気が空気を追い出して，缶の中が真空になったからだそうだ。

解説とワークシートの解答

第二次 第1時 ワークシート⑤ 「水を冷やすと0℃になるのか」

目標 寒剤を用いて水を冷やすと何度で凍るか予想を立てて調べる活動を通して、水は0℃近くで凍り、体積が増えることに気付くことができるようにする。

準備物
- □試験管 □温度計
- □ビーカー(500mL) □氷 □スタンド
- □ビーカー(200mL) □食塩

授業の流れ

①水を冷やすと何度で凍るか予想をたてる。
↓
②寒剤を使って水を冷やし、温度の変化をワークシートに記録する。
↓
③実験結果をグラフに表し、凝固点が0℃であることをまとめる。

指導のポイント

●本時は水が凍る時の温度変化を調べます。
●この実験のポイントは水と食塩の量です。まず試験管の中の水は少なくします。3cm程度の深さで十分です。逆に食塩はたっぷりです。氷がとけると薄まるので最初は表面に白くつもるくらいかけておきます。そして200mLのビーカーに飽和食塩水を作り、上から流し込みます。これでマイナス20℃くらいまで温度が下がります。この現象を「凝固点降下」といい、水に対する食塩のように温度を下げる物質を「寒剤」といいます。

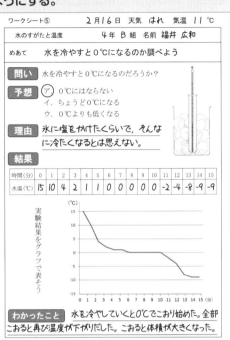

ワークシート⑤　2月16日 天気 はれ 気温 11℃
水のすがたと温度　4年B組 名前 福井 広和

めあて　水を冷やすと0℃になるのか調べよう

問い 水を冷やすと0℃になるのだろうか？

予想 ㋐ 0℃にはならない
イ. ちょうど0℃になる
ウ. 0℃よりも低くなる

理由 氷に塩をかけたくらいで、そんなに冷たくなるとは思えない。

結果

時間(分)	0	1	2	3	4	5	6	7	8	9	10	11	12	13	14	15
水温(℃)	15	10	4	2	1	1	0	0	0	0	0	-2	-4	-8	-9	-9

実験結果をグラフで表そう

わかったこと 水を冷やしていくと0℃でこおり始めた。全部こおると再び温度が下がりだした。こおると体積が大きくなった。

第二次 第2時 ワークシート⑥ 「氷は何度でとけるのか」

目標 氷をあたためると何度でとけるか予想を立てて調べる活動を通して、氷は0℃近くでとけ始め、体積が元に戻ることに気付くことができるようにする。

準備物
- □試験管 □温度計
- □ビーカー(500mL)

授業の流れ

①氷を温めると何度でとけるか予想をたてる。
↓
②水を温め、温度の変化をワークシートに記録する。
↓
③実験結果をグラフに表し、融点が0℃であることをまとめる。

指導のポイント

●前時に使った試験管(中が凍っている)をそのまま使います。500mLのビーカーに水をいれ、試験管を手で持って固定します。1分ごとに温度を測り、データは表とグラフに整理します。
●本時は前時の続きです。前時で用いた実験道具をそのまま利用します。ビーカーに入っている食塩の溶けた氷水を水道水に交換しますが、塩水はもったいない(そのまま流しに捨てると環境に悪く、また流しがサビる原因にもなります)ので捨てずにペットボトルにとっておいてください。次時のお楽しみ実験で使います。

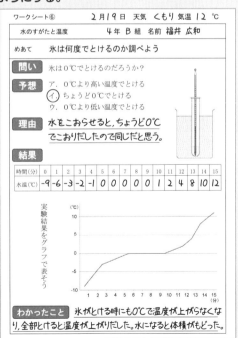

ワークシート⑥　2月19日 天気 くもり 気温 12℃
水のすがたと温度　4年B組 名前 福井 広和

めあて　氷は何度でとけるのか調べよう

問い 氷は0℃でとけるのだろうか？

予想 ア. 0℃より高い温度でとける
㋑ ちょうど0℃でとける
ウ. 0℃より低い温度でとける

理由 水をこおらせると、ちょうど0℃でこおりだしたので同じだと思う。

結果

時間(分)	0	1	2	3	4	5	6	7	8	9	10	11	12	13	14	15
水温(℃)	-9	-6	-3	-2	-1	0	0	0	0	0	0	1	2	4	8	10	12

実験結果をグラフで表そう

わかったこと 氷がとける時にも0℃で温度が上がらなくなり、全部とけると温度が上がりだした。水になると体積ももどった。

10　水のすがたと温度

解説とワークシートの解答

第二次　第3時　ワークシート⑦「アイスキャンディーをつくろう」

目標　寒剤をもちいてジュースを凍らせる活動を通して，水以外の液体は0℃では凍らず，それぞれに凍り始める温度があることに気付くことができるようにする。

準備物
- □試験管　□温度計　□冷蔵庫
- □カップめんの容器　□食塩
- □わりばし　□さじ　□ジュース

授業の流れ

① 水以外の液体が何度で凍るか自分なりの予想を立てる。

↓

② 寒剤を用いて様々な種類のジュースを凍らせる。

↓

③ 液体は種類によって凍る温度が違うことをワークシートにまとめる。

指導のポイント

● 本時は，前時の発展で液体は種類によって凍る温度が違うことを楽しいアイスキャンデー作りを通して学びます。

● 前時に捨てずに残しておいた食塩水に食塩を加えて飽和水溶液にします。これをペットボトルに入れて冷凍庫で冷やすと何度でも使える「冷凍水」ができます。水は0℃で凍りますが，飽和食塩水はマイナス15℃でも凍りません。この冷凍水入りペットボトルを常備しておくと色々便利に使うことができます。

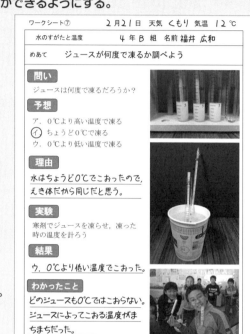

ポイント解説

あると便利「−20℃の魔法の水」

　氷水はそのままだと融けきるまで0℃のままです。これでは第二次第1時の「水を冷やすと0℃になるのか」の実験はできません。そこで300gの氷に対して100gの食塩を加えて−15℃位の低温にして実験します。このように物をまぜて温度を下げる物を「寒剤」といいます。水に食塩を加える方法では，あまり温度が下がらないことと，大量の食塩が必要なこと，さらに使用後の食塩を流しに捨てると金属部分が錆びることなどで，あまり環境によいとは言えません。そこでお勧めなのが押し入れ用の「湿気取り」です。最近では100円ショップなどでも売られていますが，使い終わった後に容器の中にたまった水溶液をペットボトルに入れて冷凍庫に保存するのです。この水溶液は−20℃の冷凍庫でも凍りません。必要な時に冷凍庫から取り出し，ビーカーに注げば手軽に−20℃の冷凍実験ができるのです。実験後はペットボトルに戻して冷凍庫に入れればオッケー。環境も悪くしません。この湿気取りに入っているのは塩化カルシウムという食品添加物で毒性の低い物質です。自分で作る場合，水を400mlに対し塩化カルシウム200gを溶かせばできあがりです。

ワークシート①	月　日　天気　　　　気温　　　℃
水のすがたと温度	年　組　名前

めあて　水を熱して観察しよう

復習　これまでに学習したことを思い出しましょう

【空気と水の性質】_____

_____

【温度と体積の変化】_____

_____

観察　水を熱した時の様子を観察しよう

注意

・水が噴き出すことがあるのでビーカーの上をアルミホイルでおおい，真ん中に穴をあけて，熱する
・水を入れすぎないこと。7分目くらい入れ，水面の位置に印をしておく
・火やビーカーに顔を近づけないこと
・さめるまでビーカーに触らない

気付いたこと

_____

_____

_____

_____

ワークシート②　　　　　月　　日　天気　　　　　気温　　　　℃

水のすがたと温度　　　　　年　　組　名前

めあて　水を熱すると１００℃になるのか調べよう

問い　水を熱すると 100℃になるだろうか？

予想
ア．100℃にはならない
イ．ちょうど100℃になる
ウ．100℃よりも熱くなる

理由　_____

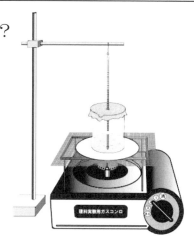

結果

時間(分)	0	1	2	3	4	5	6	7	8	9	10	11	12	13	14	15
水温(℃)																

実験結果をグラフで表そう

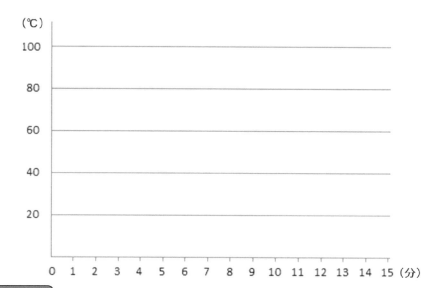

わかったこと　_____

ワークシート③	月　日　天気　　　気温　　　℃
水のすがたと温度	年　組　名前

めあて　泡の正体は何なのか調べよう

問い　ふっとうしているお湯の中に出てくる「あわ」の正体は何か？

予想
ア．空気
イ．水
ウ．その他

理由　_____
　　　　_____

実験　試験管に水を入れ，口のところにポリ袋をつけて熱してみよう

注意　ポリ袋を火に近づけないこと

結果　_____

気付いたこと
_____
_____

わかったこと
_____
_____

ワークシート④	月　日　天気　　　気温　　　℃
水のすがたと温度	年　　組　名前

めあて　　水の体積変化を利用して，空き缶をつぶそう！

実験のやり方

①アルミ缶の中に水を少しだけ（30ml）入れて熱します。水はたくさん入れても，ふっとうするのに時間がかかるだけで効果は同じです。

②しばらくするとアルミ缶の口から白い湯気がでてきます。湯気の下の透明な部分は水蒸気です。
　しばらくはアルミ缶の中が水蒸気でいっぱいになるのを待ちます。

③トングで空き缶を持ち，空き缶の口が水面でふさがるように水槽に逆さまにつけます。ボンッと大きな音がして，空き缶がつぶれます。
　トングはあらかじめ逆手に持っておくのがコツです。

感想

_____

_____

ワークシート⑤　　　　　月　　日　天気　　　　気温　　　℃

水のすがたと温度　　　　　　年　　組　名前

めあて　水を冷やすと0℃になるのか調べよう

問い　水を冷やすと0℃になるのだろうか？

予想
ア．0℃にはならない
イ．ちょうど0℃になる
ウ．0℃よりも低くなる

理由　_____

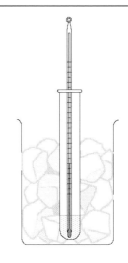

結果

時間(分)	0	1	2	3	4	5	6	7	8	9	10	11	12	13	14	15
水温(℃)																

実験結果をグラフで表そう

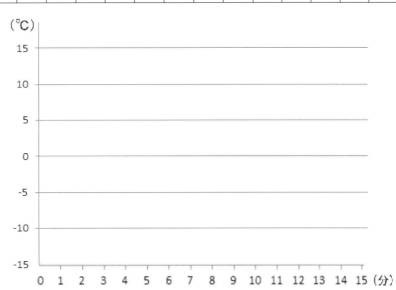

わかったこと　_____

ワークシート⑥	月　日　天気　　　気温　　　℃
水のすがたと温度	年　組　名前

めあて	氷は何度でとけるのか調べよう

問い　氷は0℃でとけるのだろうか？

予想
ア．0℃より高い温度でとける
イ．ちょうど0℃でとける
ウ．0℃より低い温度でとける

理由　_____
　　　　_____

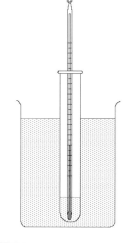

結果

時間(分)	0	1	2	3	4	5	6	7	8	9	10	11	12	13	14	15
水温(℃)																

実験結果をグラフで表そう

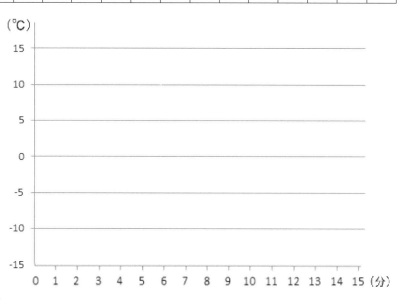

わかったこと　_____
_____

ワークシート⑦　　　　　月　　日　天気　　　　気温　　　℃

| 水のすがたと温度 | 年　　組　名前 |

めあて　　ジュースが何度で凍るか調べよう

問い

ジュースは何度で凍るだろうか？

予想

ア．0℃より高い温度で凍る
イ．ちょうど0℃で凍る
ウ．0℃より低い温度で凍る

理由

_____

_____

実験

寒剤でジュースを凍らせ，凍った時の温度を計ろう

結果

_____

わかったこと

_____

_____

_____

【著者紹介】

福井　広和（ふくい　ひろかず）

1962年，岡山県に生まれる。兵庫教育大学大学院修了。サイエンス・レンジャー（財団法人科学技術振興機構），その道の達人（社団法人日本理科教育振興協会）の一員として全国各地で精力的に科学教室の出前をしている。著書に『はじめてのおもしろ理科実験＆工作』，『かんたん！不思議！100円グッズ実験＆マジック』（以上主婦の友社）がある。小学校教師を29年間務め，現在，就実大学教育学部教授。〈執筆項目〉8，9，10

國眼　厚志（こくがん　あつし）

1963年兵庫県に生まれる。岡山大学教育学部卒業，兵庫教育大学大学院修了。中学校理科教師を14年，小学校教師を19年勤め，現在まで自然体験教室，科学実験教室，ICT利活用研究などの講師を精力的に務める。著書に『教師のためのICT活用ネタ70選』『プロジェクター活用で授業は劇的に変わる』『教師のためのラクラク便利帳92選小学校編』『壁新聞で教室が大変身！』『3倍はやくこなせて10倍うまく仕上がる！小学校教師の仕事術』『学級担任のための普通教室ICT活用術』『フォーマット活用で誰でもカンタン！学級通信ラクラク作成ガイド』（以上明治図書）がある。日本教育情報化振興会総務大臣賞受賞。現在兵庫県朝来市立竹田小学校教諭。〈執筆項目〉1，4，5
ブログ「ザッキンチョ」はこちらから→ http://blog.livedoor.jp/zakkincho/

高田　昌慶（たかた　まさよし）

1956年，兵庫県に生まれる。姫路工業大学応用化学科卒業，兵庫教育大学大学院修了。原体験教育研究会，神戸理科サークル，ゴリラボ・大塩理科研究会所属。実験開発に勤しみながら，青少年のための科学の祭典全国大会や実験実技講習会，科学実験ショー，科学教室などの講師を務める。著書に『わくわくサイエンスマジック』（共著，海竜社）がある。文部科学大臣優秀教員受賞。現在，兵庫県高砂市立北浜小学校教諭。〈執筆項目〉2，3，6，7

原体験教育研究会はこちら→ http://gentaiken.sakura.ne.jp
科学体験データベースはこちら→ http://www.jss.or.jp/fukyu/kagaku/
ゴリラボ・大塩理科研究会はこちら→ http://gorillabo.lolipop.jp/gorillabo/

〈3名による共著〉（いずれも明治図書）
『文系教師のための理科授業note 3・4年編』『同5・6年編』『文系教師のための理科授業入門＆スキルアップ集』『文系教師のためのキットでバッチリ理科授業』『ワークシートでらくらく科学クラブ Part2』『同Part3』『同Part4』『学校で学べるサバイバル術　ワークシートでらくらく科学クラブ　緊急番外編』『文系教師のための理科授業板書モデル　3年生の全授業』『同4年生』『同5年生』『同6年生』

〔本文イラスト〕木村美穂

文系教師のための理科授業ワークシート 4年生の全授業
全単元・全時間を収録！

2019年4月初版第1刷刊　Ⓒ著　者　福井広和・國眼厚志・高田昌慶
発行者　藤　原　光　政
発行所　明治図書出版株式会社
http://www.meijitosho.co.jp
（企画）木村　悠　（校正）奥野仁美
〒114-0023　東京都北区滝野川7-46-1
振替00160-5-151318　電話03(5907)6702
ご注文窓口　電話03(5907)6668
＊検印省略　　　　組版所　株式会社ライラック

本書の無断コピーは，著作権・出版権にふれます。ご注意ください。
教材部分は，学校の授業過程での使用に限り，複製することができます。

Printed in Japan　　　　ISBN978-4-18-285414-9
もれなくクーポンがもらえる！読者アンケートはこちらから→